念仏者の福祉思想と実践

近世から現代にいたる浄土宗僧の系譜

長谷川匡俊

法藏館

念仏者の福祉思想と実践——近世から現代にいたる浄土宗僧の系譜＊目次

近代篇

近代の「寺院社会事業」篇

凡　例

一、本文・註とも、引用文献も含め新字に統一した。

一、本文中の引用文献については、一部を除き、書き下し文に直し、新仮名遣いに統一した。さらに一部は、読みやすさを考慮し、漢字・カタカナをひらがなに、かなを漢字に直し、読みがな、送りがな、句読点を足した。また、明らかに誤植と考えられるところは訂正した。また、筆者が補ったところ、意訳しているところは、その都度、断りを入れた。

一、註については、書き下し文にせず、引用文献の通りとした。

念仏者の福祉思想と実践

——近世から現代にいたる浄土宗僧の系譜

序

五年ほど前のこと、私に「団地の孤独死」の問題を考えさせせるきっかけを与えてくれた千葉県松戸市常盤平団地に、昨春、「NPO法人・孤独死ゼロ研究会」が発足しました。同団地の自治会を中心とする孤独死ゼロ作戦は、住民主体による組織的・体系的かつモデル的な取り組みとして注目を集めています(1)。今では、私の勤務校の学生もこの活動に参加させていただき、団地の現場で地域福祉の課題や方法について、実践的に学習しているところです。

ところで、孤独死といい、自殺や自死、そしてビハーラケアなど、人の死にかかわる社会的なテーマは、どちらかといえば非日常的なことがらであって、しかも世俗的な価値の否定を含むものでもありますから、本来、仏教（者）が得意とするところのものではないでしょうか。しかし、その現場で行動している仏教者はほんの一握りです。これらの問題を突き詰めていくと、そこに共通して見えてくる課題は人と人とのつながりの脆弱化、個

（人）の孤立の問題です。

孤立にも二つの面があるように思います。社会的な孤立と内面的な孤独の問題と言っていいでしょう。前者については、近年のＮＨＫ報道番組などで繰り返し放映されている「無縁社会」といった局面に象徴されるのかもしれません。この中には引きこもりやホームレスなどのほか、たとえば数々の悲劇を生んでいる乳幼児虐待などの虐待問題も社会心理的な孤立にかかわる問題として含まれるでしょう。

後者については、まず仏教を含めて伝統宗教の無力といった厳しい現実を反省させられます。苦悩している人に仏の慈悲が全く届いていないのです。言い換えれば、寺や僧侶はあてにされるどころか、ときに嫌悪の対象にさえなってしまっているのです。一方、人びとの間では、その価値観がわかりやすい計量可能な外面的価値重視に傾いてきた結果、本当の意味での人生の充実に資する内面的価値の源泉（心の拠り所、心の糧）が空洞化してきている問題があります。心の危機に対処する術、受け皿が用意されていないのではないでしょうか。

人の死にかかわるテーマを足掛かりとして、地域コミュニティーにおける活性化や共同性の形成に仏教界（寺・僧）はもっと力を傾注すべきだと思います。そこで、仏教者・念仏者として、浄土宗教師として、このような時代に、いかなるスタンスで社会の動向や社会問題を受け止め、行動していったらよいものか考えてみましょう。

一般に宗教は個人の信仰、つまり霊の問題を扱うもので、肉の問題は別だとされるきらいがあります。しかし実際にはパンなくして生きることはかなわず、霊を養ううえでも、肉の問題を整えることが欠かせません。むしろ現代社会では、仏教者だからこそ、この両面（霊肉一如）に関心を払うべきだといってもいいでしょう。つまり、肉の問題——生存とか生活——が、実は個人の倫理的な態度の善し悪しというよりも、多分に社会の仕組みや歴史的状況が生み出す社会問題としての性格をもっているからです。格差や貧困、社会的排除の問題がクローズアップされる最近の状況をみれば歴然としています。

こう言いながらも、たしかに一般論としてこの論理は理解できるものの、世俗の価値を超えた往生浄土を目的とする念仏信仰と、世俗的な社会実践とは、そもそもどのようにかかわるべきなのか、との問題が残ります。また念仏者は、僧侶であればなおのこと念仏の普及すなわち布教・教化を社会的なミッションとしています。そしてその教化も広義には社会教化の一環としての福祉実践(2)を要請することにもなるわけです。

一方、念仏者は同時に仏教者であり、宗教者でもあります。したがって、その重層的な立場なり性格を自覚することが、個別宗派の相違を超えて仏教者としての連帯協同を可能とするのではないでしょうか。さらに、現実の仏教の教えや僧侶の社会的実践について論じようとすれば、寺院の問題を抜きにすることはできません。こんにち、改めて寺院の役割や使命、その存在理由が問われているといっても過言ではありません。以下、本書の主なテーマについて、イントロダクションのつもりでいささか説明を加えておきたいと思います。

第一は、念仏と福祉実践の関係はいかなる信の構造をもって成り立ち得るかを問うことです。たとえば、藤吉慈海《ふじよしじかい》の「現代の浄土教（浄土宗義）はいかにあるべきか」との問いかけに耳を傾けたいと思います。同氏は「現代の浄土教は、安心決定し自然法爾《じねんほうに》の境地に住したら、積極的に全人類の立場に立ってアフリカの難民を救い、阿弥陀仏の誓願を助けなければならぬであろう。お慈悲を受けてただありがたがっていてはならない。自ら大慈を行ずるところまで行かないと本当の仏法者とはいえない。それはお浄土に生まれてから後のことであるとするのは神話的である。（中略）世を超えし弥陀の誓願を助けることは救われた念仏者の報恩行である。（中略）自分一人極楽に生まれて楽をしたいというような往生人は大乗仏教徒とは言えない(3)」と述べています。念仏の信仰が個人の内面的な救いや育ちにとどまることなく、救われたものの報恩の行として、社会で苦悩する人びとに慈悲を届けるといった社会的実践が肝要だ、というのでしょう。

とすれば、浄土宗の僧侶のあいだでよく耳にする、念仏のほかの福祉実践等は雑行雑修だとし、教義上から福祉実践に対してネガティブな反応を示す言説にきちんと答えておかなければなりません。これまではどちらかというと、慈悲とか利他の思想、菩薩道、仏教者だからといった仏教一般の抽象的なレベルでの議論が多く、宗門としての教義的な裏付けや、念仏信仰を生きる主体のあり方からの照射が弱かったのではないでしょうか[4]。もうひとつ重要なことは、念仏者の信仰は福祉実践の質にどのような内実を与えるかといった問題があります。この点では高石史人が提起した「信の社会性の内実」を問う視点に学ぶところは少なくなかったものの、十分切り結ぶには至らなかったといわざるをえません[5]。上述の諸点は、いわば念仏者の福祉実践の基礎を考えるうえでの原理的・本質的なテーマといっていいでしょう。以下は、どちらかといえば実践現場（教化と福祉の）からの要請に属する課題です。

第二は、教化（布教）と福祉実践の関係です。同時にこの問題は宗教と福祉実践の関係を問うことにもなるでしょう。私見によれば、前近代にあっては教化と福祉実践は未分化であり、近代以降、特に大正期中頃の社会事業成立期になると制度的には両者の分化が顕著になります。そうしたなかで、教団や仏教者のあいだで教化と福祉実践の望ましい関係が問われるようになるわけです。仏教者の福祉実践と一般民間人の福祉実践との違いをどこに見出せるのかは重要なテーマになるでしょう。

第三は、仏教福祉実践思想の二面性——仏教としての共通性と念仏としての独自性——をどのように生かすべきか、という問いかけです。仏教では伝統的に「仏教の通途《つうず》（通規）」すなわち仏教としての通有性なり共通性と「宗派の別途《べつず》（別規）」すなわち宗派別の差異性との両面があることを踏まえ、仏教者はその両者を使い分けて発言し行動してきたわけです。本論では、まず教義上の問題として、通・別二義の内在関係を、布施（菩薩道）と念仏との関係から検討してみたいと思います。ちなみに、「仏教（社会）福祉学」の構築を意図する水谷幸正によれば、「念仏は易行であり個人の内省的な行であるからといって、決して仏教一般の菩薩道からはずれたものではない」「念仏行を具体的な仏教思想で系譜づけるならば、四摂事—慈悲—福田—菩薩道—誓願—本願—念仏ということになるであろうし、これはそのまま社会福祉につながるものである。しかも、キリスト教社会福祉に求めることのできない、社会的実践への仏教的根拠をそこに求めることができる[6]」といいます。つまり、水谷は念仏と社会福祉を結びつける論理を、仏教思想の系譜論の立場から、菩薩道（通途）を媒介させることによって導き出そうとしているように思われます。歴史的・社会的な概念としての「社会福祉」を不用意に持ち出すことには異論がないわけではありませんが、「福祉実践」に置き換えてみたとき参考になるでしょう。また通・別二義が実践現場において使い分けられている事実とその意味についても考えてみます。

第四は、現代寺院における福祉実践の可能性を、戦前期の「寺院社会事業」の検証を通して学ぼうとするものです。もっとも政教分離、信教の自由の下における現代と当時とでは、行政による宗教、教団や寺院・僧侶に対する対応の仕方が大きく異なります。また、寺院を支えてきた檀家制度そのものも、戦後高度成長期以後における核家族化や葬送観の多様化のなかで形骸化しつつある現実があります。しかし歴史文化的な背景も手伝って、地域コミュニティーの形成、福祉増進のために寺院に一定の役割が期待されている点では時代を超えて共通しているのではないでしょうか。かつての寺院社会事業の盛況は、行政主導によるところが少なくありませんでしたが、決してそればかりではなく、厳しい社会的な批判にさらされながら、寺院中心のユニークな福祉実践を展開したことも事実です。時代は激変しましたが、今なお葬祭仏事中心、したがってまた、特定の契約関係にある寺檀中心の伝統仏教（具体的には寺・僧）に対する辛辣な批判は止まるところがないといってもよいほどです。寺院の社会貢献が取りざたされる昨今、改めて歴史に学ぶべきことを提起したいと思います。

なお、このほかにも仏教ないし念仏信仰に根ざした福祉実践について、その人間観、社会観、援助観、実践の主体的契機、念仏と看取りの問題などをとりあげています。全体を通して、主題である「念仏者の福祉実践の基礎」に多少とも迫ることができれば幸いです。ここでいう「基礎」には、おおよそ信仰、思想、理念など内面的な価値にかかわる要素と論理、それに実践の場（寺院）という意味をもたせています。副題を「近世から現代にいたる浄土宗僧の系譜」としたのも、歴史研究の視点から「基礎」について問題提起をしたいと考えたからです。

本論の構成は、近世篇、近代篇、近代の「寺院社会事業」篇の三篇からなり、参考・引用文献等の註は各篇の巻末に一括掲載しています。

註

（1）中沢卓美・淑徳大学孤独死研究会編『団地と孤独死』（中央法規、二〇〇八年）参照。

（2）　本書で扱う「福祉実践」とは、ひとまず、人がよりよく生きていくうえでの、生活上の困難や支障（精神的・身体的・物質的・社会的・霊的〈スピリチュアル〉）に対して施される援助や救済、そして教育・教化の実践を指しています。ただし、近代以降に制度化されるなかでの福祉（社会事業、社会福祉）とそれ以前、とりわけ江戸時代の福祉とは性格が異なることを前提とします。

（3）　藤吉慈海『現代の浄土教』（大東出版社、一九八五年）一九三～一九四頁。

（4）　この点で私は、「宗学」のこれからに期待するものです。藤本浄彦は近著『法然浄土宗学論究』（平楽寺書店、二〇〇九年）において、知識・理念の学としての宗学ではなく、信仰・実践の学としての宗学を提起し、次のように述べています。「いうところの信仰・実践は、その基源においてどこまでも個人の具体的現実を場面として有する。その意味でそれは、個人の具体的現実、すなわち、「生き方」のレベルにおける問題として主体的な性格を有する。換言すれば、信仰・実践の問題は生き方という主体的レベルにおける具体性と普遍性とを課題としている」（九六頁）と。福祉実践に直接言及しているわけではないのですが、示唆を得るところがあります。

（5）　高石史人『仏教福祉への視座』（永田文昌堂、二〇〇五年）参照。同氏によれば、「信」の社会性の内実を、試論的にと断りながら、二つの極として、「通俗的」社会性と「普遍的」社会性と捉え、次のように論じています。前者は、「その「信」が、それ独自の社会的立場を生まない、そのような信仰構造に基づく「信と社会」その二元論として発揮される社会性の謂」で、「「信」に根拠をおかない「世間通途」の社会性の発揮の仕方」だといい、後者については、「その「信」が信仰主体の歴史的、社会的立場、それ独自の社会性を成立せしめる、そのような信仰構造――「信の社会性」――からもたらされる（言わば、流出する）社会性の意味」で、「「信」を根拠とした社会的立場において、その信仰主体（仏教徒）が、世俗（歴史）の営みとしての社会福祉に何らかのかたちで関与する時（無論、こと社会福祉に限られるものではないが）、換言すれば、その社会性が、一つの歴史具体的な射程として社会福祉に結び合う時、その切り口から展望、構想される「仏教社会福祉」こそ、本来的、本質的なそれとしてとらえられるべきであろう」（二八～三〇頁）と。ことに、「信と社会」の二元論にではなく、「信の社会性」を問うている点は、仏教者の福祉実践に固有の意味を与えるうえで重要な論点ではないでしょうか。

（6）　水谷幸正「浄土教と社会福祉」（長谷川匡俊他編『仏教と福祉』、北辰堂、一九九四年、一〇五～一〇六頁。初出『浄土宗学研究』二号、一九六七年）。

近世篇

はじめに

念仏者の福祉実践の基礎について歴史から学ぼうとするとき、なぜ近世なのか、なぜ宗祖法然に学ぼうとしないのか、といった疑問が発せられるかもしれません。もちろん法然に還る、法然に直参するといった信仰態度は大切です。しかしまた、異なる歴史的・社会的条件の下で、一宗の先徳が元祖の教えをどのように継受し、時代に生きる人びとへ取り継いでいったかを確認することも必要なことです。特に念仏と福祉実践の関係の諸相を明らかにし、その行動と思想・信仰に学びたいと思います。

さて、浄土宗の念仏信仰と福祉ないし社会的実践との関係を歴史の舞台で問題にしようとする際、これまで意外と等閑視されてきたのが近世、江戸時代です。詳細は省きますが、要するにこの時代の仏教は寺請檀家制度にもたれて堕落したとみる、いわゆる「近世仏教堕落論」の無批判的な一般化の影響が大きいと思います。実際はどうかといえば、これから述べるように、信仰運動を担った念仏聖たちによって福祉実践に多くの実りをもたらしたのです。言い換えれば、念仏信仰の高揚と深化が彼らの福祉実践を強力に促したとみることもできるでしょう。

本篇では、念仏聖として名高い無能《むのう》、関通《かんつう》、大日比《おおひび》三師《さんし》、それに学僧でもあった貞極《ていごく》らの足跡と言説をとりあげながら、教化と福祉の関係、福祉実践は念仏の助業・往生の助業となるか、菩薩道としての布施行と念仏の関係、念仏と平等の人間観、念仏とターミナルケアなどの問題について論じ、念仏信仰と福祉実践（広義には社会貢献活動）の望ましい関係を明らかにしたいと思います。

1　民間仏教者「念仏聖」

（1）福祉を実践した仏教者の系譜

日本仏教による慈善救済ないし福祉的実践の歴史を通観してみますと、その担い手（実践主体）はおおむね次の三つの類型に分けられるようです。第一は、国家ないし政治権力を背景としたものです。たとえば、光明皇后の事蹟や北条氏（幕府）の外護を得て広範に及んだ叡尊《えいそん》・忍性《にんしょう》らの事蹟があげられます（もとより当人の篤い仏教信仰を抜きにして考えられるものではないが）。第二は、教団や寺院を背景としたものですが、組織的な活動という面からみれば、前近代にはあまり多くの例をあげることはできません。第三は、民間仏教者の系譜に連なるものです。私がとくに注目したいのはこの第三のタイプでありまして、その動向に学ぶべき多くのものがあります。

民間仏教者とは、鎮護国家や貴族・武家等一門一家先亡の菩提を弔い、その繁栄を祈る仏教の担い手ではなく、また学問仏教の中から出てくるものでもありません。不特定多数の民衆生活のただ中に入り込み、自らの修行とともに彼らへの信仰の扶植に努めた僧侶たちのことをいいます。またこれらの僧の中には、布教・教化活動とともに福祉的実践に大きな足跡を残した者が少なくないのです。時代的にみれば、その草分け的存在が奈良時代の行基《ぎょうき》（六六八〜七四九）です。行基研究には膨大な蓄積があり、現在も活発な研究が進められています。彼の行動は、国家権力が無視できないまでに民衆に密着し、平城京における脱共同体的な都市住民から、後の畿内農村の豪族や在地の人びとに至るまで(1)、圧倒的な人気を集め、彼らの宗教的ニーズに応えたのです。それればかりではありません。信者である幾多の民衆を動員して数々の社会福利事業を成し遂げているのです。

行基の行動様式を継承して、次の時代に巷の民衆の心をとらえたのが平安時代中葉の空《くう》也《や》（九〇三〜七二）です。彼は京都にとどまり「市聖《いちのひじり》」と称されたように、まさに巷の声を聞き民衆と共に生きています。若い頃から各地を巡り橋を作り井戸を掘るなどの福利事業を行い、囚人や曠野に捨てられた無縁の死者の供養にも努めています。後世、火葬に従事した「三昧聖《さんまいひじり》」に行基系と空也系の二系統があり、前者は広い範囲に及び、後者は京都の鳥辺野を中心に活動したといいます。また、葬送と墓所を守る人たちをめぐっては、被差別部落の問題にもかかわりが出てきます。(2) 空也は「阿弥陀聖」ともいわれ、念仏を唱えて遊行し、かつ「踊念仏《おどりねんぶつ》」の祖と伝えられています。

その空也の風儀を慕い、「捨聖《すてひじり》」の境涯に身を置いて諸国を遊行し、「念仏札」を配り、「踊り念仏」によって念仏往生の結縁を勧め、かつ社会的に賤視され差別される人びとから慕われた一遍《いっぺん》（一二三九～八九）が出たのは鎌倉時代中葉のことです。網野善彦によれば、『一遍聖絵』は一遍による非人・乞食・悪党等の救済を絵を通して描くことが作者（一遍の実弟の聖戒《しょうかい》）の一つのねらいであった、というほどです。(3)

上記の僧は、いわば民間仏教者による福祉実践史上のそれぞれの時代のピークに位置する人物ですが、実際はこうした類の民間僧（いわゆる「聖《ひじり》」）は少なくなかったのではないかと思います。彼らは、学僧ではなかったし、また権力に近づくこともなく、民衆の中に溶け込んで宗教活動を展開したでしょうから、記録の上で残されるようなことは稀であったと考えられるからです。

（2）捨世派念仏聖の登場

時代は下って戦国時代の末期以降、すなわち十六世紀の後半から江戸時代を通じて、法《ほう》然《ねん》（一一三三～一二一二）を祖とする浄土宗の中から「捨世派《しゃせい》」と称される念仏聖が次々と登場してきます。私は、この捨世派の念仏聖たちの行動様式こそ、行基から空也、一遍へと連なる民間仏教者の系譜上に位置づけられるものではないかと考えています。

前近代においては、宗教的救済（＝布教、教化）と社会的救済（＝慈善、福祉）とを明確に分けて捉えることができないのが普通です。そして、行基、空也、一遍らがそうであったように、管見では、自己の信仰策励とともに民衆のなかに没入して真の伝道を展開した僧たちは、同時に福祉実践に関してもみるべき足跡を残している場合が少なくないのです。この点は、捨世派念仏聖たちの行動に顕著にうかがわれるように思います。彼らは、いわゆる官寺を離れた隠遁的専修念仏者であって、退廃した当時の僧風に憤りを感じ、ひたすら宗祖法然への回帰を志向して、自行の念仏と同時に教化を渇仰する僧俗への念仏勧導など、目覚ましい信仰運動を展開したのでした。このような捨世派念仏聖の基本的性格をまず私は、「脱体制」性に求めるものです。ここでいう脱体制とは、要約すれば、僧位・僧官・住職資格に連結する檀林体制（＝立身出世のための学問。僧侶の再生産機構と昇進システム）、いわば学歴出世コースからの離脱と、官寺・官僧の経済的基礎である寺檀関係（体制）からの厭離《えんり》、すなわち寺院仏教からの出家を意味します。（4）

そのことはたとえば、捨世派の祖といわれる称念《しようねん》（一五一三～五四）によれば、「出家中の遁世にして真の出家なるを捨世と名付ける」（『称念上人行状記』下　意訳）とあるように、出家の再出家を提唱したものでした。また一派の掟に、関東檀林における僧侶の階級秩序を問わないことこそが同派の清き風儀であるとみえ、出家の物差しともいうべき僧位・僧官を否定していることや、以八《いはち》（一五三三～一六一四）が、「学僧と交われば名声という縄のために縛られ、檀越に近づけばわが身を肥やすという刃《やいば》のために害せらる、はなはだおそれるべきことだ」（『光明院開基以八上人行状記』　意訳）と述懐している点によくうかがわれます。さらに関通《かんつう》（一六九二～一七七〇）が、「およそ寺務に従事するものは、檀越との応接と、堂宇の修営をこととす。この二つのうち一つを欠いても住職の任にたえるものではない。私はもとよりこの二事にたえられないから隠遁したものである。強《し》いて私に住職させる時は、寺院が衰退に及ばないという保障はない。もし荒廃に及んだとしても、檀越等が少しも私を恨みはしないという証書を持参したならば住持してもよい。そうでなければ要請には応じがたい」（『関通和尚行業記』上　意訳）といって、あえて住持することを拒絶しているのも、脱体制念仏聖の面目をよく伝えていましょう。

（3）　捨世派念仏聖の行動と思想

上にみたような捨世派念仏聖にみられる布教・教化と福祉の関係、またその行動と思想の特徴について、以下に福祉の視点から整理してみます。

第一に、先述したことと関係するのですが、教化と福祉が不可分の関係にあったことです。教化と福祉の一体化（宗教活動の一環としての福祉）と言えるでしょうが、注意しなければならないのは、行動そのものの一体化もさることながら、教化と福祉のそれぞれの対象が一体的に把握されている点です。関通の場合を例にとってみたいと思います。享保十一年（一七二六）春に彼が自ら記した「化他発願文」の一節によれば、関通は自らの布教の志を、「上達利智高貴福徳」等のいわゆる上層（社会的強者）の人に振り向けるのではなくして、「貧窮孤独田夫下賤重障愚痴弊悪鈍根」等のいわゆる下層（社会的弱者）の人を先とすることこそ本意であるとし、自分の慈悲心が際限なく常に衆生と共にあることを忘れない、とその決意を述べています。ここで重要なことは、関通の教化対象（宗教的救済）への密着の姿勢と、その対象が同時に福祉対象（社会的救済）ともなる階層におかれていたとみられることです。はたして関通の行業に目を向けてみると、

衣食住がしばしば窮乏したときにも、その志は一向に変わらず、たとえわずかな物でも檀家から資助を募ることなく、日々同行の門人たちと共に村里に出て托鉢し、清浄な生活をおくっていた。もし食料に多少の余裕がある時は、その村の小児や窮乏の者を招き集めて食事を与え、食後には必ず一本の線香が尽きるまで念仏を唱えさせ、心を尽くして信仰と倫理を説くのを常とした（『関通和尚行業記』上　意訳）。

といいます。このように、関通にあっては、教化と福祉との間に何らの壁やへだたりがなく、あるいは福祉的実践の延長線上に教化があり、あるいは教化の延長線上に福祉実践があったので、教化対象と福祉対象は不可分の関係で捉えられていたといえるでしょう。この点はたとえば、行基・空也・一遍らの場合にも共通性が見られますし、後世における仏教者のスラム伝道とスラムでのセツルメントに通じるものがあると言えるのではないでしょうか。

第二に、捨世派念仏聖の行動範囲や福祉対象が既存の寺檀関係や村共同体に制約されず広範囲にわたり、むしろ檀家制の枠を越え、かつ共同体から疎外（排除）された人びとに目が向けられていることです。この点は念仏聖の行動様式にみられる「遊行性」（一般寺院の僧侶〈住職〉が定住であるのに対して）に由来するものです。遊行とは、一所不住を意味しますが、それは主観的には、世俗的価値との絶縁という意味と、弘法、すなわちより多くの民衆に仏法を伝える取り継ぎ役としての使命感の発露であり、それゆえにこそ広汎な民衆への布教活動が可能となったわけです。同時にまた、世俗的名利（名声や利得）を超脱した遊行という行動が念仏聖の宗教的霊威と結びついたとき、彼らは多くの民衆に迎えられることになったと思われます。

たとえば、先述の関通に多大な影響を及ぼした無能《むのう》（一六八三〜一七一九）の場合は、その教化は、短い歳月ではありましたが、「念仏の教えを求める者がいると聞いたときには、距離の遠近を問うことなく、どんな山の奥までも必ず訪ねていって、教化にあたったという」（『無能和尚行業遺事』意訳）ほど熱烈なもので、奥羽地方における念仏信仰史上の偉観と言っても過言ではありません。[5]しかも、「乞食、非人、癩病人、遊女」といわれた人びと、いわば当代の社会からドロップ・アウトし、差別された彼らに対し積極的に接近をはかっているのです。ちなみに無能は、二十六歳のとき「非人法師の身」となろうと決意して遁世したといいますし、彼の「夢の記」には、享保元年（一七一六）十月十六日の夜明け方の夢が記され、その最後に、「乞食非人をも憐《あわれみ》て、疎略に勧むる事なかれ」と八幡大菩薩の神勅をたしかに聞いたと記されているほどです（『無能和尚行業記』参照）。このような点は、かつての空也・一遍らに連なる「遊行型福祉」（吉田久一『日本社会福祉思想史』川島書店、参照）の系譜をたしかに継受しているといえましょう。もっとも、捨世派念仏聖の中には、遊行をこととせず、ほぼ一つところに住し、地道な教化を展開している者もいます。こうした僧は、隠遁遊行が内面化されて、精神としての遊行（世俗的価値に執着しない）を保持していたものと考えられます。逆に彼らを慕って各地から幾多の民衆が集まってくるのはその証となるでしょう。

第三に、捨世派念仏聖の行動を貫く、ひたぶるな信仰に裏打ちされた「勧進エネルギー」ともいうべきものの存在があげられます。勧進とは、勧誘策進の意で、造寺などの事業のために浄財の喜捨を勧める行為であり、どれだけの人を動員できるかが事業の成否を占うことになります。念仏聖の中には造寺造塔のための勧進について、否定的な考え方の人もいますが、飢饉の際に行われた布施行と布施の勧進を例にとれば、彼らの活動がいかに幾多の民衆の支持と協力のうえに展開されていたかが知られましょう。そのことは裏を返せば、念仏聖の行動が世間的利害を超えて民衆と共に生きようとするひたむきな性格をもっていたからです。ことに福祉の輪の拡がりが求められる今日、改めて「勧進エネルギー」を取り戻すことが期待されます。

そこで第四に、名利（名声や利得）を否定し、世間的利害から超脱していたことをあげたいと思います。たとえば前述の称念は、一心院に設けた「念仏道場七箇条」の冒頭に、「世間的な名声や利益を望まず、人生苦悩からの解放のための修行を専らにすべき事」（『称念上人行状記』意訳）と定め、これを衆徒に要請しています。また、無能が自らを誡めるために祈請《きしょう》した七十二件の「制誡」（『無能和尚行業記』下）の中には、「名利の念を絶ちて、世俗に諂《へつら》うこと莫《なか》れ、志を謙譲に存し、恭敬を望むこと莫れ」とあり、ほかにも「少欲知足、資財を貪《むさぼ》ること莫れ」「深く信施を怖《おそ》れ、華美を好むこと莫れ」「独《ひと》り貧賤に甘んじて、宦福を望むこと莫れ」などと見えます。清貧と名利否定に「捨世」の本領がうかがわれ、福祉における実践主体の倫理として、着目したいと思います。

第五に、福祉対象との平等の人間観であって、その思想的先蹤《せんしょう》はいうまでもなく法然に求めることができます。法然は、救済対象を貧困・愚痴・破戒等の人びとすなわち劣機《れっき》

（低い能力・資質や恵まれぬ状態にある人）においており、自己と対象とのあいだに何らの差別をも設けていません。それは、罪悪生死の凡夫の自覚と阿弥陀仏の前における絶対平等の人間観が踏まえられているからです。法然への回帰が捨世派念仏聖に共通する目標であったことを思えば、彼らのあり方にこそ法然の行動と思想とを正しく継受するものがあったと言えましょう。無能が、「平等心に住して、親疎を論ずること莫れ」「人を労《いたわ》り自ら楽しみを求めることある莫れ」「慈悲心に住して、悪人を憎むこと莫れ」「内に仏性を観じて、下賤を軽んずること莫れ」と自らを誡め、社会の最下層にある人びとを見逃していないのはその証であります。今日、人間観という土台に立てば、やはり「平等性」（各々性の尊重）が社会の基調になければなりますまい。しかもそれは、福祉を担うすべての実践主体の生き方にまで徹底されてこそ本物となりましょう。その意味で捨世派念仏聖の実践に学ぶべきところは多いといえます。

2　江戸中期の念仏聖　関通

（1）　関通の教化力

宗教をベースとする福祉実践は、布教・教化すなわち宗教的な救済と密接にかかわっている場合が多く、どこまでが、教化で、どこまでが福祉であるかの境界を定めるのは困難です。とくに前近代にあっては両者は不可分の関係にあったとみなされますが、ここではその「教化と福祉」の関わりについて、学んでみたいと思います。まず、江戸中期の代表的な念仏聖である関通《かんつう》（一六九六〜一七七〇）をとりあげます。関通は「生涯本国をはじめ、東西両都および諸州を勧奨せらるること、四十八年一百余所、その遊歴の諸刹途中の結縁など、ここに尽すべからず」[6]といわれるほどに、伊勢・尾張・美濃・近江・京都・大和など東海・近畿地方のほか、江戸・九州に至るまで巡教遊化《ゆげ》し、一所不住の捨世派らしい足跡をのこしています。

そして、関通の行状を伝える諸書には、彼に結縁する地域ぐるみの群集や、その教化によって発心剃髪した人びとの多かったことが描かれています。『向誉上人行状聞書《こうよ》』にみえる次の記事はその意味で興味深いものがあります。意訳して紹介してみます。

上人が京都河原町・円通寺にとどまっていた頃のこと、日々盛んに民衆教化にあたられていた結果、めでたく極楽往生を遂げる人が多かった。そこで、四方の群集は論より証拠と風のなびくがごとく上人に帰依し、あるいは在家の生業《なりわい》を出家に変え、あるいは幼年に発心出家して法子《ほっし》となり、尼となる者がたいへん多かった。浄土の教えを信じていない人びとはこれを怪しみ、路々に念仏を唱えている人に出会うと、諸役人も奇異な目でながめている。実に児童児女の大往生、家を捨てて発心する者の多いのには驚かされる。古来から上人のように剃髪の門人を多く輩出している例はない。不信心の人はこれを怪しむであろう。(7)

ここで、多数の剃髪者が次々と誕生したということは、単に周囲に奇異なできごととして映じたばかりでなく、村落の生産力基盤をおびやかす行為として（剃髪者は生産活動に従事しない）、ある種の社会問題にまで発展する要素を多分に含んでいたものと想像されます。このように関通の民衆に対する影響力が絶大であったことを思うと、彼の自行化他の活動の底に流れる福祉思想を問うことには、一定の意義があるものと考えます。

（2）関通の福祉思想

先に関通の行動について、彼の教化（宗教的救済）対象への密着の姿勢と、その対象が同時に福祉（社会的救済）対象ともなるべき階層に置かれていることを確認しました。そこで、上述の点に注意を払いながら関通の行動を見ていくと、そこに教化と福祉が分かちがたく実践されていることに気づかされます。まず『関通和尚行業記』の次の記事に着目してみましょう。

資糧しばしば乏しき時も、志操かつて変ぜず一針一草も檀信を募ることなく、日々随従の衆とともに村里に分衛して、清浄に自活せらる。食もし余長ある時は、其村の小児または貧窮のものを招きあつめこれを食せしめ、食後にはかならず線香一炷《しゅ》づつ念仏を唱えさせ、おわりには因果のおそるべき謂《いい》、念仏のあり難きこと、慇懃に世の無常なることわりなど、実を尽し、いと懃《ねんご》ろに説聞せらるること常なりしかば、中一色村の者は、菽麦《しゆくばく》不弁《ふべん》の童男童女の類までも悉《ことごと》く因果を信じて深く悪事を恐れ、蟬蟀《せみこおろぎ》を翫《もてあそ》び蝱蠅《あぶはえ》を殺すなどのことはすべてなさざりし、もしたまたまこれをなすものあれば、西方寺に往《ゆき》て師に告《つげ》んといえば皆おそれ慎みける。かくたがいに誡《いましめ》あいければ殺生の業おのずから止みて、戯れにも草木泥土をあつめて仏像堂宇を造り、縄を拾《ひろう》て集会念仏の真似をなしぬ。また此村の近辺に江河あまたありければ好《この》んで殺生する人も多かりけるに、師その人を見毎《みるごと》に寺に招きて、殺生の罪の重きこと報《むくい》のおそろしき現証などを聞かせ、かまえて殺生をやめ念仏せよといとこまやかに勧誡し、或は其人に価を与えて取得せる魚鳥を放たせ、またそれを世わたる業をなす者には、財を与えて其業を変さしめなどせられけるゆえ、いかなる強悪邪見の輩も後には慚愧の心を生じ、殺具をことごとく焼捨て、かたく殺生をやめまた後には肉食をも止《やむ》るにいたるものあり、これによりて其頃は魚鳥を商うもの村の中を往来することさえなきに至り、唯少長ともに悪事をなすを恥辱《ちじよく》とし、一邑挙《いちゆうこぞ》りて往生を願い念仏を励み勤ることにぞなりにける。(8)

長い引用になってしまいましたが、要点を順を追って整理してみましょう。①関通の出家生活スタイルは捨世派念仏聖として檀家の資助によらず、弟子たちとの行乞（托鉢）に依るという粗衣粗食の清貧に徹したものであった。②それゆえ、多少とも食物に余分が生じたときには、村内の子どもや貧窮者を集めて施与した。③しかも貧者等への施与を縁として必ず念仏を勧め、因果の理（善因善果・悪因悪果）を説くという教化が行われた。④その結果、村民は悪事をつつしみ、殺生を止め、仏像・堂宇を建造し、集会念仏に努めるようになり、さながら念仏村の様相を呈した。⑤なかでも関通は殺生罪の重きを熱心に説き、かつ銭貨を与えて魚鳥を放たせ、それを生業としている者には財を与えて業を変えさせるほどの徹底ぶりであったから、肉食を止める者もあり、魚鳥を商う者は村内に出入りしなくなったといいます。

以上によって明らかなことは、関通にあっては、教化の延長線上に福祉実践があり、福祉実践の延長線上に教化が行われたので、教化対象と福祉対象は不可分の関係と捉えられていたということです。そしてその念仏と因果の理の勧説は、民衆の生活の中に信仰と倫理を深く浸透させる大きな力となりえたのでした(9)。

次に関通の教化が上述のような意味で福祉実践と切り離せないとするならば、福祉実践を促す内発的な理由はいかなるものかが問われてしかるべきでしょう。次の文章は内容的に前掲資料と重複する部分もみられますが、この問いに答える手がかりを与えてくれるものです。

又師自身においては万事質素にして、臥具衣類の供養を受《うけ》られしも、胡乱《うろん》に用いず、常に信施を怖れ、もはら倹約をまもり、所有浄財をもて、或は仏像経巻を請し贖《あがな》い、或は書籍を刊刻し、或は他の仏像堂宇を修営するを与力助成し、或は人の具戒を受《うく》るを随喜扶助し、或は如法修行の人に、衣食の資をあたえ、或は父母に孝あるものには財物資具等をつかわして、その孝行を策励し、或は病者のために薬を与え、或は孤独に給し、貧窮を救いなどせらる。かくのごときのことあげて数うべからず。或人師に勤めて諸の善根をつみ給える意楽いかがに候やと問い申ければ、浄信の男女施こし来る財物等、余分あるによりて、随分の事をなし侍るなり。別の旨趣あることなしと答えられしとぞ[10]。

ここでは、関通が「所有浄財」をもってさまざまな慈悲善根の行をなしていることが知られるとともに、そうした善根を積ませる意志とはいかなるものか、と問いを発し、それは信者がもたらす財施に余分があるからしているまでで、別に意味があるわけではない、と答えています。ここには財施と善根に対する二重の脱執着が含意されており、いかにも専修念仏者らしい回答です。念仏以外の行はすべて選び捨てられたわけだから、他のいかなる慈悲善根もまた往生のためには特別な意味を持つものではない。ただ「余分」があるから縁にふれて利他行をしているに過ぎないというのです。もはや関通にとって福祉実践はそれ自身として意味を持つものではなく、念仏の勧化《かんげ》、念仏の促進（＝助業）にかかわる限りにおいて一定の意味を持ちえたということではないでしょうか。別の言い方をすれば、念仏の実践と分かちがたい、自ずからなる行為とみるべきかもしれません。なお、こうした関通の教化と福祉に関する態度が、またその弟子や篤信の人びとにも影響を与えずにはおかなかったものと思われますが、その一端は関通の伝記類に垣間見ることができます[11]。

（3） 大日比三師の教化

先の関通を師と仰ぎ、決定的な影響を受けた法岸《ほうがん》（一七四四～一八一五）にはじまり、法洲《ほうじゅう》（一七六五～一八三九）・法道《ほうどう》（一八〇四～六三）へと継承される「大日比三師《おおひびさんし》」は、十八世紀末（法岸が西円寺の住職を継いだのは安永八年〈一七七九〉）から幕末にかけて、長州大津郡（現・山口県長門市）大日比西円寺を舞台に、同地域の民衆に対し徹底した専修念仏の教化を展開しました。その風儀は今なおさまざまなかたちをとって受け継がれています。

ここでは、教化と福祉の接点というべき念仏勧化による民衆の生活に根ざした福祉意識の醸成と生活倫理の勧めについて考えてみましょう。

三師の教化活動の際だった特徴は、『法岸和尚行業記』に「村中の老若男女、一人も残らず、日課念仏を誓受し、田うつにも、薪こるにも、菜つみ、水くみ、網ひき、釣をたるるにも念仏せざるものなく、猶《なお》ことしげき、世渡りの中にも、毎夜暮六ツ時より、五ツ時までは本堂に参詣して念仏する事、常の式となれり」と記されるように、土地の人びとの実生活に即して念仏の浸透がはかられ、かつふだんの生活が念仏によって基礎づけられ、促され、改善されていったことではないでしょうか。

法岸・法洲の風儀を継承した法道の場合について、『行業記』中の「垂誡」から具体例を紹介してみます。まず農業や漁業など、村民の生業に関してです。たとえば、田植えをするときは念仏不捨の思いを忘れずに必ず念仏を唱えながら植えつけなさい。そうすれば太陽は阿弥陀仏の垂迹だから「不求自得《ふぐじとく》（求めざるに自ら得たり）」の利益があるにちがいないといい、殺生を生業とする漁民たちに対しては、「当村は田圃少き海浜なれば、殺生を家業とせざるを得ざれども、意楽起悪正見、意楽起悪邪見という事あり。かく殺生を生業とするは、固より意楽は悪なれども、かかる悪業をなす事よと詫《わび》るは正見なり、生業なればと許すは邪見なり、此正邪の際をよく〱弁知せざれば、往生の得不に関係する一大事なり」と説いています[12]。ここには、村民の生産活動そのものが念仏によって意味づけられ、さらにこれに従事する生活者の内面を支える倫理と念仏信仰が示唆されているといってもいいでしょう。

このうち漁民教化に関しては、念仏は村民の生命尊重・生類愛護の思想（福祉意識）の涵養に大きく貢献しています。大日比が位置する青海島《おうみしま》の東端には通村《かよい》があり、この両村はかつて鯨漁が盛んであった地域です。通村の向岸寺第五世讃誉《さんよ》（後に西円寺開山となる）は、延宝七年（一六七九）鯨の菩提を弔うために観音堂を建立し、さらに元禄五年（一六九二）には鯨の位牌と墓と過去帳まで作って鯨の霊に念仏回向しました。詳細は省きますが、讃誉の教化に発し、これを受け継いだ大日比三師の教化によって村民の日常生活に定着した生命尊重・生類愛護の思想と慣行は注目に値します。

ところで、生業と殺生の両立という現実的課題に対して、法岸の師関通は、殺生罪の重きを熱心に説き、かつ銭貨を与えて魚鳥を放たせ、それを生業としている者には財を与えて業を変えさせるほどの徹底ぶりであったから、肉食を止める者もあり、魚鳥を商う者は村内に出入りしなくなったとまでいわれています[13]。こうしてみると法岸は（そして法洲・法道もまた）、敬慕してやまない師関通の不殺生の教えを重く受け止めながらも、当地の就業環境や漁民の実生活を直視し、むしろ村民が「殺生の縁」によって生かされているという現実を踏まえ、彼らに対し生命への感謝と生類愛護の念（禽獣魚介との共生の自覚ともいえる）の宣布に努めたといえるでしょう(14)。そしてまた、殺生を生業とすることによって生計が成り立つ地域であったことが、関通の流れを汲む大日比三師をして、ことさら念仏教化にかりたたせることになったといえるかもしれません。

次に、これまでもしばしば指摘されてきたことですが、法岸が創始した「世界最初の日曜学校」と称される「子ども念仏会」や「胎教（妊婦の念仏）」、母子の念仏などは、西円寺住職・綿野《わたの》得定《とくじょう》氏の指摘にもあるように、児童福祉の観点からも興味深い問題を投げかけています(15)。法道は「御垂誡」のなかで、妊娠五カ月に達したら、胎児のために日課念仏十遍を誓受し唱えなさい、そうすれば生後に必ず利益があると言い、産後百日たったら、さらに十遍を加え、子が三歳になるまでは母親がこれに代わって勤め、四歳になったら子に日課を授け、子が自らすすんで念仏を唱えるように教えてあげなさいと、念仏による胎教や育児を系統的に指導しています。また流産してしまったときなど、そのまま寺にも知らせずに埋葬してしまう例が多いなかで、それこそ家滅亡の因となると注意を促しています。私たちはこのようなところにも、仏教による生命の尊厳、児童の尊厳の思想的系譜を読み取ることができるでしょう。

法道の「御垂誡」は、人びとが守るべき信仰と倫理を諄々と説いています。さらにその懇切な教導は、当地方の民衆生活の実情に即して、仏事の営み方から、結婚・妊娠・出産・農事・生業・迷信などにまで及ぶものでした。まさにそれは、三師が地域住民と生活を共にし、人格的な接触を通して信仰の扶植をはかり、生命尊重を基調として、住民の福祉意識と生活の質を高め、かつ地域の共同性を形成せしめるものであったのでした。私は以上のような西円寺を拠点とした大日比三師による教化活動を、社会教化を中心とした宗教的セツルメントの一典型と位置づけたいと思います。もとより活動の精神的支柱はまぎれもなく専修念仏の信仰にあったのです。

（4） 実践者の理想型「菩薩念仏」

一口に念仏者といっても、出家者もいれば在家者もいますし、その念仏者の能力や行動傾向も異なります。そうしたなかで、福祉実践との関わりが深い念仏者とはどのようなタイプの念仏者を指しているのでしょうか。またそのことと念仏による救いとの関係はどうなるのでしょうか。こうした問いへの答えに当たるものが関通の言説の中にうかがわれます。関通の主著の『帰命本願鈔註加俚語《かりご》』にみえる「三種念仏」説がそれです。(16)

本説が登場する文脈は、往生を可能とするのはいかなる機根の衆生であるか、という問いに関連して、法照《ほっしょう》禅師の『五会法事讃』(正式には『浄土五会念仏略法事儀讃』)に「貧窮と富貴とを簡《えら》ばず、下智と高才を簡ばず、(中略)多聞・持浄戒を簡ばず、破壊・罪根深きを簡ばず、但だ心を廻らして多く念仏せしめば、能く瓦礫を変じて金と成さしむ」(原漢文)とある一文を引いた後の関通の注釈にみられます。すなわち、「此文に就て、三種念仏の了簡あるべし。三種とは一賢聖念仏、二菩薩念仏、三凡夫土念仏《つちねんぶつ》也。然れども共に、但念仏也」と記し、念仏に三つの違いがあるのではなく、「修者の行相」を三種に分けたまでだといいます。以下、三種の行相を見届け、それぞれ検討を加えてみましょう。

第一の賢聖念仏は「自調自度にして、人にかまわぬ」といった自行中心の行動傾向で、賢を在家に、聖を出家に当てています。具体例もあげていて、要するにこれらの人びとは「共に世を捨て、渡世生活の、人事を離れ、智者は愚者に成り、富者は貧賤と成り、度《ど》すべき衆も度せず、説くべき智あれども、愚を守りてとかく但信《たんしん》称名して、浄土を願求せる

機」であって、これを「聖《ひじり》念仏」と言っています。俗事を離れ他者との関わりを断った
この世捨て人、隠遁の聖の系列からは利他的要素は出てこないというものです。

第二の菩薩念仏は「正く先他自度《せんたじど》を性とす」とあるように、利他を先とし、しかるのち
自利に向かう態度のことです。これに在家の菩薩と出家の菩薩の二種を立てています。ま
ず在家の菩薩について、「一切善悪の事を忍恕し、慈悲を行《ぎょう》じ、他を安楽にし、自の労苦
を厭倦《えんけん》せず、財宝を善事に用い、仏事を先として、他の貧苦を救い、或《あるい》は後世の道を誘引
し、或は日課念仏を勧め、（中略）或は親孝行の道を教え、或は善事に入らしめて、満足の
思いなく、往生成仏を期として、但信称名して退堕せざるは、これ菩薩行也」とあり、化
他的要素と救貧などの福祉的実践の兼備が求められています。

これに対して、出家の菩薩の方は、「分《わかつ》に持戒清浄にして、説法を第一とす。これ慈悲
の至極也」とみえ、その理由を「説法は衆生の三毒《さんどく》の愚痴《ぐち》の、やみを破り、三途黒暗の苦
をぬき、往生成仏の種因を、成長せしむ」るからだとし、「出家たらん人は、仏法弘通、
利益衆生の為には、身命財を軽んじて、利他を先とすべし。為めに之れが殿堂を修補し、
仏像を造立し、貧賤の人をも勧めて、一紙半文をも、加入せしめ、仏法値遇の結縁せしむ
るを、職分として、満足の思いなく、偏に極楽往生を期して、但信称名するなり」として

います。つまり、出家の菩薩は「説法第一」で、教化中心であるが、その展開過程に福祉実践が自らそなわっているようなものとみなされています。

関通が出家の菩薩の典型としてあげているのは、行基、空也、恵心《えしん》、永観《えいかん》、法然らであって、法然を別とすれば、いずれも社会事業史上に登場する著名な人物です。『加俚語』でも関通は、行基の事跡について、「井をほり、橋をわたし、田畑をひらき、仏像寺塔を造立せり」と記し、以下空也は「諸国巡業念仏し、他の死かばねを埋み、或は焚とむらい、或は市町に至て、こもを張り念仏し、折にふれて、辻々に立ちて、大に泣悲し、貧賤等を哀《あわれ》れみ給えり」、永観は「金銀を借《かし》与え、貧苦ヲ救い、六道講式を作りて、地獄がきの苦を哀れみ、十因を立てて、さまざまに救済し」、恵心は「造像起立、数をしらず大原、かただ千体仏、又漁人を勧め、念仏せしめん為に、仏像を造りて、海に沈めて、あみに引《ひか》しめ、銭を与えて、念仏せしめ、終《つい》にうたを作て云わしめ給う」と、それぞれの福祉実践と念仏勧化に言及しています。どうやら関通は、行基らの行動形態が教化と福祉を相即不離（つまり、利他のなかには宗教的救いと社会的救いの両方が含まれている）のものとしているところに注目していたように思われます。ただし注意すべきは、上述のような菩薩行は、往生のための条件とはなりえないということです。たとえば永観について、「正にしるべし、如是の菩薩行を修し給えども、それを生死出離の行とは思召さず、自身には偏に本願を憑《たの》みて、日課八万返を精修して、往生をとげ給えり」とみえ、さらに「上来皆是、機は菩薩性にして、自身願生《がんしょう》は、称名念仏也。信ずべし疑う事勿《なか》れ」と明示しているように、人間的あり方としては利他の菩薩の性格をそなえながらも、自らの往生のためには称名念仏に精励するものこそ「菩薩念仏」の人だといっています（もちろん法然もここに入ります）。関通は、当代におけるこのタイプの僧の例として、「近世には、無能上人、貞伝《ていでん》上人、澄禅《ちょうぜん》大徳称《あげて》計すべからず」と記しています。ここに例示されているのは期せずして、いわゆる念仏聖です。改めて念仏聖の福祉実践に着目する意味を考えなければなりません。

第三の凡夫土念仏については、「凡夫とは総じて云えば、愛妻一子、借命一身を義とす」とあり、さらに「凡夫の心は、ものぐるい、酒に酔いたるが如くして、善悪につけて、思い定めたる事なし。一時に煩悩百度《ももたび》まじわりて、善悪みだれやすければ、何れの行なりとも、我が力にては行じ難し」とあって、このような妻子や己れ一身に執着し、煩悩に振り回される凡夫を救うために誓われたのが弥陀の本願だと、深く信じて念仏すべしと説くのです。「本為凡夫《もとぼんぷのため》、兼為上人《かねてしょうにんのため》とは、習い侍る也」といわれるゆえんです。そして上述の二種を含め次のようにまとめています。

上《か》みの賢聖は、名利を捨、貪愛《どんあい》を遠離するを職として、いさぎよく、但使回心《たんしえしん》多念仏の機也。菩薩性は利他を根本の職分として、身命を捨《すて》たる、但使回心多念仏の機也。今日の我等はすべていえば、三毒を根本として（猿の舌ちに付たるがごとし）、盛んに五欲の境に貪着し、専ら名利を体とし、治生産業を職分として、但使回心多念仏の機なれば、之を凡夫の土念仏と云う

こうしてみると、関通は名利を捨て世俗的価値から遠離した賢聖と、名利に執着し世俗世界に身を置く凡夫を両極として、その凡夫に本願念仏を取り継ぎ、利他を本領とするところに菩薩を見立てていたもののようですが、いずれも「但使回心多念仏の機」（ひたすら心を振り向けて数多くの念仏を唱える人）であるとし、凡夫の土念仏（土にまみれた生活の臭いがする凡夫の念仏といったほどの意味か）こそ世俗を生きる民衆にそなわることが期待されていたといえるでしょう。関通自身はどうかといえば、「菩薩念仏」の類型に入れて差し支えないのではないでしょうか。

（5） 福祉実践は念仏の助業・往生の助業となるか

これまでは福祉実践が化他の側（面）からどのように位置づけられていたかをみとどけてきました。そこで次に、自行の側（面）から、つまり念仏行との関係で福祉的実践がどのように意味づけられていたかを考えてみたいと思います。まず関通の言説から、福祉実践は念仏の助業・往生の助業となりうるかを問うてみます。ただし、直接福祉が語られているわけではないので、念仏と修善（福祉を含む）との関係論を通して言及します。

関通は、称名の外の諸善は、すべて雑行というべきであろうかと問い、もしそうであるならば、僧たちの起立塔像等の諸善をも止めさせ、在家者がなす寄進建立等の財施や結縁助成をも制止すべきなのであろうか、と重ねて問いを設け、次のように答えています。「如来の本願に望《のぞむ》れば、ことごとく雑行なり。爾《しか》れども念仏の障りとならぬ修善は失《とが》なし。機生得の善男善女に付て論ずれば、往生の助は不許《ゆるさず》。念仏の助は許す。（中略）法に付て云ば、修善生得善男善女の上に好き衣装結縁の善根を捨る事なし」と、本願からみれば、念仏以外の諸行はすべて雑行になるが、念仏の妨げにならぬ修善および結縁は否定されるべきではない。言い換えれば、往生のための条件としての修善は不可だが、念仏を修するための助けになるならば修善は可だということになります。修善を福祉実践に置き換えたとき、念仏との関係も自ずから明らかとなるでしょう。

次に、では修善や結縁の善根は念仏の助業とはなりえても、どこまでも往生の助業とはなりえないのでしょうか。この点を関通は祖師法然が述べる「決定往生の信をとりて、（念仏すれば決定往生と信をとりたる上はとなり）。仏の本願に乗じてん上には、他の善根に結縁助成せん事、全く雑行となるべからず。往生の助業となるべき也」等を引いて、「然れば、出家は出家乍《なが》ら念仏して往生すべし。起立塔像等、五種正行を修すべし、これ出家の職分なり。念仏往生の、安心決定したらん上には、縦令《たと》い余行を修すといえども、雑行人とは名づけず。況や結縁をや」と、「念仏往生の安心決定」後の修善に肯定的です。しかし、出家知識を対象にこのように説いてはいても、在家についてはふれていません。往生の助業としての修善は、在家にとって、要求水準がかなり高いとみなされたのでしょうか。その故か否か、関通は次のように述べています。

且又出家の人といえども、念仏をさえざる、起立塔像、捨家棄欲、布施持戒、檀施供養等の、功徳は、いにかも分に応じて修すべし。得生已後の功徳なるべし。在家の人も、念仏の障りとならずば、分に応じて功徳を修すべし、在家豊饒なる人は、乞がい非人をも哀み、救い、出家をも取立、寺塔の造営をもなすべし。渡舟《わたしぶね》着岸の上にて、足の遅速、乗輿は、その人の貧富にあり。船頭本願に喩《たとえる》のしらざる処なり。

ここでは出家・在家のいずれに対しても、念仏の妨げにならぬ修善を勧め、福祉的実践にも言及しています。しかも、「得生已後の功徳」とあるように、往生を果たした後の成仏への功徳につながると意味づけているのでした。

以上によって、自行としての念仏と福祉実践との関係を関通がいかに捉えていたかを整理すれば、①福祉実践を念仏の助業として認めた。②またそれを念仏往生後の成仏のための功徳として意味づけた。③往生の信決定の上の福祉実践は雑行とならず往生の助業となるが、在家一般に向かって積極的に要求されるものではない、ということになるのではないでしょうか。なお、関通自身にそくして考えてみれば、その念仏が自ずから福祉実践を可能にし、福祉実践がまた念仏をより促進せしめたといえるでしょう。理想型は、「念仏——弥陀の光明——」によって利他的な福祉意識が開発せられ、その実践がまた愚者の自覚を促し、念仏にさらなる励みをもたらすという相乗効果ではないでしょうか。

3　布教家　貞極

（1）念仏と六度

次に江戸中期を代表する浄土宗の布教家で学僧の貞極《ていごく》（一六七七〜一七五六）の施行《せぎょう》論をとりあげます。貞極に着目したい理由は二つあります。一つは、既述のように、近世浄土宗の慈善救済史上、捨世・持律系念仏僧の果たした役割は大きく、貞極もまたそのうちの一人に数えられると思うからです。いま一つは、貞極は専修念仏者であると同時に、大乗仏教（菩薩道）の実践体系としての六波羅蜜行（布施・持戒・忍辱《にんにく》・精進・禅定・智慧の六種。「六度」ともいう。以下、原文の引用以外は「六度」に統一する）を見逃がすことなく、誰よりも念仏と六度との関係を重視しているとみられるからです。

そこで六度の第一である「布施」（施行）についてですが、それは利他の行ゆえにもっとも重視され、古来福祉実践と分かちがたく結びついてきました。しかも、江戸時代には災害・飢饉がたびたび起こり、僧俗仏教者のあいだで盛んに施行が行われました。たとえば白隠《はくいん》（一六八五〜一七六八）の『施行歌《せぎょうか》』(17)（因果応報の理を説き施行を勧めた）は幕末に至るまで夥しく版行を重ねており、それだけ巷の民衆の福祉実践の動機づけに有効だったのでしょう。慈悲の発露としての施行に注目する理由でもあります。

貞極（立誉《りつよ》）は、延宝五年（一六七七）京都に生まれ、宝暦六年（一七五六）江戸で八十年の生涯を閉じています。二十七歳のとき出家し、その後、畿内・中国・九州・東海・関東の各地を遊歴、晩年のおよそ三十年は江戸の根岸の四休庵《しきゅうあん》を活動の拠点としていたところから、「四休庵貞極」と称されました。

彼の師は捨世派系の念仏聖として名高い厭求《えんぐ》貞憶《ていおく》（一六三四〜一七一五）で、弟子の貞極もまた名利を厭《いと》い、寺に住まわず、捨世隠遁の身に徹したのです。専ら念仏（日課念仏六万八千から八万遍）と説法教化、門人の教育、そして著述活動に努めました。宗学の上からは、二祖三代（高祖善導《ぜんどう》・宗祖法然・二祖聖光《しょうこう》・三祖良忠《りょうちゅう》をいう）の教旨に還ることを主張した伝法改革論者として知られ、一時（およそ十年間）は教団から排斥されたこともありました。八十余部百五十余巻に及ぶ著作のなかには、宗祖法然の本意に違背するような言説に対して、破邪顕正の矛先鋭いものがあります。該博な知識に加えて気宇広大、病身でありながら、事に臨んでは寝食を忘れても疲労の色を見せることがなかったといいます。貞極は質素倹約に努めるかたわら、貧困の僧侶には親疎の別なく学資を給付したり、廃寺の復興にも援助しています。また親族物故者の忌日には乞食・病者等に施物を供養したので、貞極の下にある僧侶たちは食糧に困ることがなかったといいます。貞極自身、施行の実践に努めていたことがわかります。生涯における教化の事績としては、日課念仏の受者七万人、授名の者など五千余人、門下の学侶四百八十余人と伝えられます(18)。

ここで検討の対象とする貞極の主な著作は、『六波羅蜜多宝林鈔』(19)二巻（以下『宝林鈔』と略す）、『六波羅蜜拾玉鈔《じゅうぎょくしょう》』(20)（以下『拾玉鈔』と略す）、『本願念仏感光章』(21)（以下『感光章』と略す）の三つです。

まず『宝林鈔』は享保十七年（一七三二）六月の作で、六度に関する諸経論の文章を編集したものです。書名の『宝林鈔』は、集めた経論の言句が多く、「林中の樹葉」に似ているからだといいます。

次に『拾玉鈔』は、先に著した『宝林鈔』が世に流布するに至らず、出家在家ともに六度に無関心な現状を憂えた貞極が、六度に言及した経論の中から「要中の要、略中の略」を抽き出し、説教の草稿を準備し、彼の説教を弟子に筆録させてまとめられたものです。

書名の『拾玉鈔』は「要中の要を取り、略中の略を取るは彼多宝の中至要の美玉を取る」のになぞらえたとされます。

この両書の後書から、従来、浄土宗にあって六度に関する教説はあまり語られることがなかったこと（後述のように、六度は法然によって選捨され雑行として扱われたからでしょう）、貞極は六度に強い関心を払っており（二祖聖光の『徹選択本願念仏集』〈以下『徹選択集』と略称する〉二巻の影響によるものと思われるが、この点は後述したい。ただ、貞極の両書に聖光の同書からの引用など、直接的な関係をうかがわせるものがあるわけではない）、出家はもとより、在家を含めて広く一般の人びとに六度についての認識を深めてもらいたいと期待していたこと、などがうかがわれます。

『感光章』は、上の両書に先立つ享保八年（一七二三）の作であり、やはり説法の草稿が下敷きになっていたようです。弥陀四十八願中の第三十三願「触光柔軟《そっこうにゅうなん》の願」の大意に基づき、本願念仏の光益を説き明かしたものです。ことに貪瞋痴《とんじんち》の三毒を消滅させるにあたり、聖道門が難行であるのにくらべ、浄土門は易行であり、かつ勝れていることを明らかにしています。なかでも、貪（慳貪《けんどん》）を退治する法の第一として布施の行をとりあげ、多くの紙数をさいていますが、浄土宗の立場からの施行論は注目されます。以上の三つの著作にはそれぞれ諸経論から布施の種々相が引かれていますが、ここでは省略します。

（2）貞極の施行論

それでは、貞極の施行観とはどのようなものであったかをまず考えてみましょう。貞極は『華厳経』『大集経』『大般若経』『大宝積経』『大智度論』『摩訶止観』等に見える菩薩の「清浄施」を踏まえて、「現在十方の菩薩は、今かくのごとく行じたもう。未来の菩薩もまたかくのごとく行じたもう。過去の菩薩は、かくのごとく行じて、仏になりたまえり。かくのごとく経文を拝見し奉る時は、心もすみわたれども、似せがたきことなり[22]」と、経典にあらわれた菩薩の「清浄施」に感動を覚えつつも、なかなか真似のできることではないと心情を吐露しています。が、別のところでは、施行が善因となって苦報を除き、人天の快楽を受けることができるとも言い、さらに「弥陀釈迦二尊、みな此の修行（布施――筆者注、以下引用文のカッコ内同じ）の力によりて、我等をおしえて、極楽往生をえせしめたもう。ねがわくはたれたれもかくのごとく、心をおこすべき事也[23]」と、二尊がわれわれのために修した仏になる前の施行になぞらえて、聞く者に布施の心を起こすよう勧めており、しかも、菩薩にとっては「施さずば大願成就せず、乞う者なくば誓いむなしかるべし[24]」と、ここから、「乞う者は善知識[25]」という見方が成り立つことに注意を払っています。この点は福祉の実践がその対象（利用者）を抜きにして成り立たないことを指し示すものでもあり、現代的には「利用者主体」のサービス観に通じるものがあります。

次に、望ましい施行のあり方についてはどうでしょうか。そもそも施行は世間的な果報を得るために行うのではなく、仏道成就のためになすものだから、施者・受者・施物の三者がいずれも執着のないこと、三輪清浄《しょうじょう》（空寂）を理想とします。貞極の言説にもこの点がうかがわれるのはいうまでもないことですが、ほかに「身をすてよというは、菩薩に施心をすすめたもう。身を施して罪をあたうべからずというは、大悲を勧めたもう。ここをもて布施持戒等みな、般若の智慧なければ、波羅蜜といわず、塩がいらねば物の味わいよからぬがごとし、身を施してよき時あり。施さずしてよき時あり、智慧をもてよくはからえとなり。もし慳をうしなわんと思う時は、前後をわすれて布施を習うべし[26]」とも記しています。つまり、布施（己の身を施す）を貫けば持戒（殺生戒）に抵触し、持戒にとどまれば布施を実行できない場合も起こる。布施を為すべきか、為さざるべきかの判断——布施と持戒との調和——は般若の智慧によらなければならないとし、布施と六度の中の他の行との関連にも言及しています。ただし、施行をもって慳貪（欲の深いこと）の心を対（退）治しようと思うのならば、あと先のことを考えずにまず実行せよといいます（実はこの施行による「慳貪心」の対（退）治は、後述のように自力聖道門の立場に立つもの）。また念仏の四義（念如来・念仏徳・念修因・念遠離）をあげ、そのうちの念遠離について、「先ず財宝を遠離し、次に幻身を遠離し、染着の煩悩を遠離し玉いて、乞い求むる者の意に任せて、珍宝妻子等捨てて施し玉う、此の遠離の心清浄なるを以て、修因亦清浄也」(27)と、財宝等への執着を捨てる清浄な施行の心得やあり方を説いています。以上はいずれも施行それ自体の理想を説くものでしたが、いま一つ見逃せないのが布施と回向との関係です。

夫《そ》れ少《わず》かに慈心ある人、或は一食一銭を施して他の貧苦を救う意なからざらんや。是を施す時、若し廻向《えこう》せざれば或は果を得ず。或は廻向すと雖《いえども》三界の果報を望まば、有為《うい》の仮報を受けて其益なきに似たり。右諸仏の法に依て、廻して菩提に趣《おもむ》くれば、乞食の悲田に此の仏種子を養い、小因大果を感じて、乃至妙覚の果報を感ぜしむ。豈《あ》に廻向の法門微妙ならずや。(28)

貧苦の人などへの施行を菩提に向けて回向すれば、やがてその因業が「妙覚（さとり）の果報」を感ぜしむるに至るといいます。貞極の独特の回向論は『回向弁』『浄土廻向要決』二巻などに詳しく、[29]たとえばそこでは、施行にしても「極楽の彼岸に往生せしめんと廻向すべし[30]」と、回向論をもって施行を浄土往生の条件へと昇華せしめているのでした。

布施には財施（衣食などの物資を与えること）・法施（教えを説き与えること）・無畏施（怖れをとり除いてやること）の三つがあります。そのうち財施と無畏施の実践を通して慳貪の心をなくすよう努めることは「聖道自力の修行[31]」といいながら、あえて「かようの修行なるべく思う人あらばなしたまうべし[32]」と貞極が勧めているのも前述の通り事実です。しかしながら、貞極がもっとも強調したかったのは法施についてです。

> 一生や二生の修行にて、及ぶ事にてはなし。ここをもて阿弥陀仏五劫に思惟《しゆい》して、前にいう如く、この三十三の願成就の清浄光明をもて、照触《しょうそく》したもうゆえに、欣求《ごんぐ》已前のわれには似ず、あるいは仏に香花等を奉り、僧を供養する、一分の善心おこり、施すに慳《おし》まず、前にいうごとくの法をきく時、ありがたき菩薩の心地かなと思うは随喜なり。ほむるは讃歎なり。みずからおよばぬを、はずかしく思うは慙愧なり。この心のおこるはこの願の他力によれり、これすなわち一分慳貪をはなるる也[33]。

この一文を通して、第一に、自力（聖道門）の施行によって慳貪を対（退）治するのは容易ではないこと。第二に、これに対して弥陀の第三十三願「触光柔輭の願[34]」成就の光明に浴せば、その願力（光益）によって自ずと善心[35]（布施の心）が生じてくること。第三に、また浄土門の法施を受けることによって、随喜・讃歎・慚愧の心が生じ、慳貪を離れることができるが、それは第三十三願の他力によるものであること、の三点に注目したいと思います。

そこで、いま少し法施と他力の布施に関する貞極の考えを追ってみることにします。まず法施が重要なことについては、「それ衣食は施すとも受くる者その益すくなし。血肉は受くる者罪をかさぬ、生死の苦をぬき、穢悪《えお》の国をいだし、極楽へつれ行くは、真実無上の施行にして、施すものも受くるものもともに清浄なり[36]」と、浄土門の法施こそ最上の施行であるとし、「頼むべきは如来の他力なり。仰ぐべきはこの願の光益なり。この他力をあおぐ衆生念仏を申して、願以此功徳《がんにしくどく》と回向して、法界へ施さば、無上の法施となり、三《さん》塗《ず》見光の利益ありて、三塗有縁の衆生を助くること、経文分明なり[37]」と、得意の回向論を用いて、それが三塗に堕ち苦悩する人びとまで救うことができるとします。そして、「何の造作もなく助けたまえ。南無阿弥陀仏・南無阿弥陀仏と申して、他力によりて、貪欲も慳貪も、任運にうせて、臨終正念になり、往生の一大事を成ずべきなり[38]」と、ただ他力（本願力）を仰いで称名すれば、そのはからいによって自ずから貪欲や慳貪も消除され、やがて往生浄土を成就するに至ると、浄土門の深勝性に言及しています。では、六度と念仏との関係についてはどうでしょうか、次に改めて検討してみたいと思います。

（3） 法然との違い

浄土門における六度の意味づけを考えるに際し、まず私たちは宗祖法然の立場を確認しておかなければなりません。法然は『無量寿経釈』のなかで六度に言及していますが、たとえば報身の弥陀について、「およそ万行《まんぎょう》の因に答えて万徳の果を感ずること、依因感果、華の果を結ぶが如し。業に酬《むく》いて報を招く、響きの声に随うに似たり。これ則ち法蔵比丘の実修の万行に酬いて、弥陀如来実証の万徳を得たまえる法身如来なり(39)」とのごとく、法蔵菩薩の六度万行の酬因（むくい）によって弥陀如来は万徳をそなえられたとしています。また第十八「念仏往生の願」にふれるなかでは、「前の布施・持戒ないし孝養父母等の諸行を選び捨てて、専称仏号を選び取る。故に選択と云うなり(40)」と、念仏以外の六度等の一切の行が（浄土往生のための条件から）選び捨てられ、雑行に位置づけされたのは周知の通りです。

では、この法然に還帰すべきことを唱導した貞極の場合はどうでしょうか、まずは『宝林鈔』の一文を引いてみましょう。

阿弥陀仏の因位発願の時、修行の時、皆国を捨て王位を捨て、財に執せず、色に染らず、自ら施等を行じ、他をしてまた行ぜしむ。今成仏して不思議の果相明《かそうあきらか》にして我等を助け玉う。（中略）六度所生《しょしょう》の功徳を以て世出世の利益を常に与えて人を損せずと。助け玉え南無阿弥陀仏と申し奉るに、若し来迎して命終の恐怖を助け玉わずば施無畏者に非ず、正念ならしめ玉わずば戒徳の報無に似たり。不浄を忌み玉わば忍辱《にんにく》の報に非ず。見すて玉わば精進の果徳に非ず。散乱せしめ玉わば禅定の果徳なし。時を違え助け悞《あやま》り玉わば般若の徳、如量智の徳、何《いず》くんかあらん、他力を信ずる身の有難きは何れの所にかある。(41)

この文章は内容的に二つに分けられます。前段では、弥陀が衆生済度の発願と修行（六度万行）の因に酬いて成仏したのであるから、必ずわれらを救いとってくれると記しており、この点は先に法然が報身如来に言及したことと通じます。しかし後段に至ると――もとより本質的には異なるものではないが――六度万行の意味づけといった点で、法然と貞極とのあいだには異同があるように思われます。法然は六度等の念仏以外の一切の行を選捨し雑行としたので、あえて念仏と六度との関係には立ち入っていません。これに対して貞極の場合には、弥陀は「六度所生の功徳」をもって人びとに利益をもたらすといい、称名他力による利益を布施・持戒等、六度の果徳それぞれに配して、念仏の功徳が六度によって支えられていることを説き示しているほどです。では、このような貞極の六度観はどこから来ているのでしょうか。

ここで想起されるのは、二祖聖光の『徹選択集』（正式には『徹選択本願念仏集』）にみられる思想です。高橋弘次の一連の研究によれば、同書の上巻は『選択集』（正式には『選択本願念仏集』）十六章の註釈ですが、下巻に撰述の目的があったとされ、それは「念仏三昧を不離仏・値遇仏と規定して、浄仏国土成就衆生の通仏教的理念でもって、念仏の教えの普遍性とその深勝性を求めた(42)」ものであったといいます。また法然の立場との比較では、「法然が『選択集』で示した念仏（別）の教えを、龍樹の『智度論』に展開される仏道すべて念仏（通）だとする立場から、その思想的解明をしたのが、聖光の『徹選択集』の思想(43)」ということになります。『智度論』にみえる「浄仏国土成就衆生」とは菩薩の実践目的であり、そのための主要な実践方法が六度です。『徹選択集』では、この六度と念仏との関係性が「六度を修行する菩薩、諸仏に値遇して仏国土を浄めるを念仏と名づく。もし爾《しか》らば、その六度の法、皆、念仏と名づくべきや[44]」（原漢文）と問いを発し次のように答えています。

爾《しか》なり。仏教を念ずるが故、施波羅蜜を修し、仏教を念ずるが故に戒波羅蜜を修し、仏教を念ずるが故に忍辱波羅蜜を修し、仏教を念ずるが故に精進波羅蜜を修し、仏教を念ずるが故に禅定波羅蜜を修し、仏教を念ずるが故に般若波羅蜜を修す。もしこの意に約せば、六波羅蜜は皆これ念仏なり。[45]（原漢文）

と。つまり聖光は通仏教――大乗菩薩道――の立場から、六度はすべて念仏であると断じたのでした。私は、以上に見てきたような聖光の念仏思想が貞極の六度観――そして施行観――に微妙に影響を与えているものと考えます。その理由を以下に述べてみます。

貞極の立脚点が二祖三代の教旨に立ち帰ることにあったのは前に述べたところですが、恵頓《えとん》撰『貞極大徳伝』（以下『伝記』と略称する）によれば、貞極は祖師方の各忌日ごとに「宗要、徹選択、名義集、伝通記、決疑鈔等」を講じ、報恩の行に充てていたといいます。[46]伝記はその後に、「或日徹選択を講じて曰く、此の書の大意、一切万法皆念仏に在るなり。然れば諸人、誤りて以為《おもえらく》、念仏は是れ浅行にして、深行に堪えざる者が修する所なり。故に今日然らず。念仏は即ち是れ六度の行、乃至《ないし》登地の菩薩、浄仏国土成就衆生の為に之を行ず。乃至果位、三世の諸仏、浄業の正因なり等。[47]」（原漢文、傍点筆者）とみえます。つまり貞極は、『徹選択集』の大意は「一切万法は皆是れ念仏にある」というものだが、多くの人びとはそれを誤解し、念仏は「浅行」であって、「深行」に堪えられない人が行うものだと思っている。これは明らかに間違いだ。そもそも「念仏はそのまま六度の行」であって、菩薩がその第一段階から仏果を得るに至るまで「浄仏国土成就衆生」のために修する行なのだ。三世の諸仏はみなその清浄な行（六度）によって仏となられたのである、というのです。また彼は弟子たちにしばしば次のようにも示されたといいます。

菩薩は諸趣を済度する者。皆是れ遊戯《ゆうげ》なり。謂《い》う菩薩は畢竟空を証し、有無に着せず、生死に見えず。而るに、凡夫は迷惑し、有に執し苦を受く。菩薩は之が為に種種変現し、利益之事を化作す。なお世を戯楽するがごとくなり。故に出家は、またまさに同じく菩薩に似て求化《ぐけ》を以て楽しみと為すべきなり。[48]

要するに、菩薩というものは空を証得して何事にも執着せず、自由自在な活動を通して衆生を済度するところに本領があるのだが、出家者もまた、これに見習うことを楽しみにせよと、僧侶に菩薩の心を求めているのです。貞極が法施はもとより、福祉的利行にも努めていたことを忘れてはなりません。そして伝記が物語るように、貞極の『徹選択集』への傾倒、菩薩道への憧憬など、明らかに二祖聖光の影響を読みとることができるでしょう。

（4）まとめ

貞極の施行観について、これまで述べてきたところを以下に整理してみたいと思います。

㈠　施行には自力聖道門の施行と他力浄土門の施行の二つがある。このうち前者の施行は主に財施と無畏施で、「慳貪心」（けちで欲張りな心）を取り除くための行だが、その容易でない点を指摘しつつ、弥陀・釈迦二尊が仏になる前に修した施行にならい、僧俗にその実行を勧めてもいます。また回向論を用いて、施行を浄土往生に回向すれば果報を得るとしました。

㈡　施行は六度の一つだから、他力浄土門の施行については念仏と六度の関係が重要となる。そこで「念仏即是六度」という場合の「念仏」は「通の念仏」であって、「別の口称念仏」ではない。しかし「別の口称念仏」はその思想的根拠として「通の念仏」を据えることにより、通仏教的普遍性を明確にすることができたのです(49)。そうした聖光の念仏思想の影響を念頭に置いたうえで、貞極の言説を六度中の「布施」に即して解釈すれば次のようになるでしょう。他力の施行とは、口称念仏のうちに自ずから施行（の利益）が果たされていくということであって、それはまた念仏者には弥陀の願力（光益）がはたらいて施心を生ぜしめ、施行が行ぜられていくということではないでしょうか。念仏者の福祉実践が念仏の信仰と切り離すことのできない理由を物語っているともいえましょう。もっとも、浄土門の施行は法施を最上とし、その法施を受ければ、念仏（弥陀の清浄光）によって自ずと慳貪心が消除せしめられるといいます。

㈢ 上記㈠・㈡にみられるように貞極は、僧侶に菩薩の利他心を求め、通仏教的な大乗菩薩道の立場を踏まえながら、他力念仏の施行観を説き明かしました。言い換えれば、そこには福祉的実践思想をめぐって「仏教の通途」と「浄土宗の別途」との内在的関係を探る一つのサンプルが示されているともいえるでしょう。第二編で改めてとりあげますが、近代社会事業の黎明期に、浄土宗の渡辺《わたなべ》海旭《かいぎょく》、矢吹《やぶき》慶輝《けいき》・長谷川《はせがわ》良信《りょうしん》らはいずれも大乗菩薩道に立脚し、「浄仏国土成就衆生」の理念を掲げ、斯界のリーダーとして目覚ましい活躍をみせました。いまその実践理念に着目するならば、改めて聖光の通・別二義の念仏思想に学ぶところは少なくないと考えます。

4　大日比三師　法洲

（1）　六度を内在化させたうえでの実践

ここでは法洲《ほうじゅう》の施行論を、先に貞極の場合で検討したように、まず大乗仏教の実践体系としての六波羅蜜行＝六度と念仏との関係を通して考えてみます。

法洲は六度を自力で行うことがいかに困難であるかを示したうえで、「斯くわが身を見限り、唯本願の大悲を仰《あおぎ》て一筋に念仏すれば、上来の六波羅蜜の行も自ら具わるが、超世本願不思議の名号なり」[50]と名号（念仏）の功徳を強調します。ただし、この道理が成り立つのは、弥陀の「五劫思惟《ごこうしゆい》の善巧」が念仏のなかに込められてあるからであって、六度などのいわゆる余行が修められないから仕方なく念仏するといったような、念仏を消極的に捉えてはならないと注意しています。そして、「其人の邪見を押え旧来の信者の念仏一行を不足なく敬信する為め」[51]に、念仏のなかに自力ではなしえぬ六度の行が自ずから込められてある道理を説き示すといって、六度の一々に言及していますが、ここでは利他的な慈悲行である「布施」についてのみふれることにします。

布施には財施・無畏施・法施の三種があります。この三つが自然に備わるというのは、たとえば、念仏すれば、「順次に往生を決着」するゆえ、人はそれぞれ分に応じて財施をなし、また念仏を勧めるときには、「後世を怖畏する心」を除くので無畏施となり、わが往生のために唱える念仏に「聞く者滅罪三途息苦の徳あり、況や願以此功徳《がんにしくどく》の回向、故《こ》れ実に法界遍満広大」の法施であるといい、このような理由によっても「六波羅蜜の妙行は皆本願念仏の法門の中に」あるということがわかると述べています(52)。つまり、念仏の実修がそのまま施行などの六度を内在化させ、かつその実践を促す力用があるということでありましょう。

この念仏と六度との関係は、同時に念仏と余行との関係にもあてはまる面がありますが、法洲はこの二者の関係に「捨てる」という行為を媒介させて、次のような論を展開しています。すべて仏法では「捨てる」ということが肝要だが、今日の人々に、世を捨て、身を捨てよと言ったところで、所詮は無理な注文です。弥陀は五劫思惟の間、そのようなことを承知して、それを捨てよとは言われませんでした。けれども「唯一ツは決して捨てねばならぬことがある。其捨《すつ》るとは我身は罪悪の凡夫なれば外にたすかる法はない。唯本願念仏のみと決択し我身を頼み余行を物立つる執情、是一ツはさっぱりと捨《すて》ねばならぬなり、外の事こそ捨てることが出来まいけれど、悪い我身を悪いと捨て、勤め課せられぬ余行に、捨てにくいこと微塵もなきなり云々」(53)と、わが身（自身の心）と余行とを「捨てる」ことを勧めています。そのうえで、専修念仏門の余行論をこう説明しています。「捨《すつ》るは捨《すて》ぬなり（余行を捨て念仏すれば往生して、余行をも成就するなり云々）、捨ぬは捨るなり（不応の余行を捨ずして念仏せざれば、生死を離るることを得ず、故に下々来々して余行をも捨て果てるなり云々）」(54)と。余行を仮に施行などの慈悲行に置き換えるとすれば、ここには還相回向としての慈悲行、あるいは安心決定後の慈悲行の肯定が示唆されているかに察せられます。また往生の条件でない慈悲行に執着して念仏しなければ、生死の迷いを脱することができず、結果的に真の慈悲行とはならなくなる、ということでもあります。

関連していま一つ、念仏と余行とのあいだの優劣について、余行は「一隅を守る所含の法」で、念仏は「万徳円《まんどくまど》に備うる能含の行」とする説を紹介しましょう（このほか念仏と余行との比較論は所々に見受けられますが、小論では福祉実践を念仏との関係のなかで意味づけることに力点をおいています）。法洲は『譬喩経《ひゆきょう》』に登場する、もっぱら持律座禅に励むが施行をしない兄と、もっぱら布施修福を好むが破戒無慚の身である弟の、二人の仏弟子の因果を語り「是を以て、諸余の法は各一隅を守りて功徳全からざる事を知りて、念仏の利益を貴むべし、己に布施の行あれども、破戒の罪あれば、畜趣の象《ありさま》となり、持戒座禅の行あれども慳貪の罪あれば、貧乏の報を感ずる、其布施の行の難行なる事、持戒座禅のつとめ難き事、応知《まさにしるべし》」(55)と、余行の限界が述べられ、これに対して、破戒無慚でたいした施行もしない者でさえ往生を遂げさせてくれる称名の勝行なることが説かれています。

以上の法洲の言説からは、余行としての福祉実践ではなく、「六度を内在化させた」念仏実修の中から湧出してくる福祉実践にこそ、念仏者の本領があるというべきでしょう。

(2) とらわれのない「随縁の善」

他者の善行を随喜すれば、自分が善行を行った功徳と変わらないとは、「随喜他善《ずいきたぜん》」の意ですが、念仏門において、念仏以外の善根すなわち余行を回向する際の正当な論理とはどのようなものでしょうか。

法洲は『浄土要略抄講説』巻下のなかで、余行を嫌うというのは、「諸行無益と云うには非らず、口称の妨げになる故也」と述べ、さらに「今一切の善根を回向すると云うは、企て設けてするにはあらず、自然随縁のこと也、随縁とはいえ共《ども》念仏の妨げとなれば修せぬなり(56)」と、あらたまった善根というのではなく、まさに「随縁」の善、それも念仏の障りにならない範囲でなされることを勧めています。そして、こうも言っています。念仏者が縁に随って善行をなすのは、貧しい者に物を乞われたとき、不憫に思って有り合わせの物を施すようなもので、「何ぞ我は念仏者なれば檀はら蜜の雑行はせぬ」とは言わないでしょう。不憫なことだと思い、娑婆の苦界であることを知れば、かえって念仏は進むものです。たとえば、念仏講に向かう途中、幼な子が井戸へ落ちそうになっているのを見て、「我は専修の行者なれば慈悲をするは雑行」だと思って助けないでしょうか。むしろ走って行って助ける慈悲の心があるからこそ、「あゝ我等が心行はあの幼なき者と同じことなれば、阿弥陀如来を始め奉り聖衆方のあら危なや退堕の井戸へ落ちねばよいが不便のことや(57)」と阿弥陀さまが昼夜心を痛めてくださっていることがありがたく思われ、一入《ひとしお》念仏が進むものです。また「或本堂の再建仏菩薩の荘厳、金を貸してつぶれる家を立たせ、飢饉の施行、病者に薬を与え下女下男をも不便を掛けて使う等、其上分々に戒をも持つ殺生せぬとて念仏の障りに」なるわけではなく、「酒呑《のま》ぬとて淫事をせぬとて欲慎めば夫程《それほど》ひまになる故勧め好《よろし》なる」ものですが、「極重悪人無他方便助け玉え南無阿弥陀仏と申すべき也[58]」と、それぞれ縁に随い機に随って善行をなし、念仏を唱えるように勧めています。さらに浄土宗の宗義上における「随縁の善」について、以下のように説示しています。

返すく\も余の善根は露塵なくても念仏だに申せば十即十生百即百生ぞと地盤を思いすえて、其上にて随縁の善は随分になすべし、成し終れば捨はせぬ往生の為めに回向するなり、微細なことなれば能々聞分けて心地をすえねばならぬ、聖道門の意になると何でも善事でさえあれば其功徳を取集めて往生することのように思い、邪義になれば随縁の善をもなせば雑行雑修とけがらわしき物の様に思い忌み、どちらも偏《かたより》なれば浄土宗の意ではない[59]

ここでは第一に、安心決定のうえでの「随縁の善」を勧め、第二に、そこでなされた善根を往生のために回向すること。第三に、聖道門における善行（諸行）往生論と「邪義」（一向宗の教義を指すものかと推察される）派の「随縁の善」＝雑行雑修論のいずれをも偏執として退けていることが知られ、法洲の教学的立場が示されています。

以上、法洲が徹底した専修念仏の立場から、布施や善行をどのように考えていたものか、若干の論及を試みてみました。見逃がせないのは、法洲が「慈《じ》愍《みん》深《じん》重《じゅう》にして、弟子等を愛護せらるること切なりければ、随侍みなその慈恩を感戴しあえり。また孝子の貧しきをみては、その養いを資給し、鰥寡《かんか》孤独貧窮病難等を見聞きしては、扶助賑済《しんさい》いと深切なり(60)」と周囲の人たちから見られていたことです。同様に、法道についても『行業記』は「是よりさき国庁、師の行実を賞し、白銀若干賜りし。其文に云《いわく》、西円寺住職法道《ほうどう》、従来志操正しく、懇《ねんごろ》に檀越の為に法勤し、又鰥寡貧困を賑救せしかば、村中自ら感服し、宗教倫理両ながら心を用いて教示(61)」したと記されています。まさに二人の慈悲行は、とらわれのない「随縁の善」であり、かつ念仏と不可分の施行であったというべきではないでしょうか。

（3）法洲の平等論

福祉思想を問うにあたり、ここではその中核をなす「差別と平等」の問題を、法洲の平等論に焦点をあてて検討してみたいと思います。その際対象とする述作は『海徳《かいとく》本願合勧録』(62)二巻です。本書の名は、善導が『往生礼讃』中の初夜礼讃に「弥陀智願海、深広無涯底云々」と弥陀如来の本願を海に譬えて讃嘆したのに基づきます。本文の構成は『華厳経』の「大海十種の徳」になぞらえて、本願の深甚なることが一種ずつ讃嘆されていきますが、ここでは第三と第四の「海徳」に着目します。法洲の主たる教化対象が、海に面した生活環境下にある庶民であることを思えば、彼らにはより身近な譬えとして心に響くものがあったのではないでしょうか。

さて、第三の「余水入海失本名徳」とは、大海に流れ入る前の川の水はそれぞれ名を異にしますが、「大海へ流れ入れば皆悉く一種の水と成て本の名は無也[63]」という理《ことわり》になぞらえ、いま阿弥陀如来の大海もまたこれと同じで、衆生の機類（資質や能力）は千差万別だけれども、極楽へ往生して流れ入れば、上は天親《てんじん》・龍樹の菩薩から、下は私たちのような「悪人女人の垢《あか》凡夫」までも、まったく変わり目がないことを指しています。もっともそのためには、本願を頼み念仏を唱えることが要件となっているわけです。ここでの言説の主たるテーマは、（往生する以前の）現実の世界における差別と往生後の平等についてです。

まず、現世での差別相と往生後の平等相について法洲は次のように述べています。

此世の貴賤上下の違い、彼人は位が高い此人は低いと云に就て、何ぼう心を苦《くるし》め、瞋《しん》恚《に》の炎を燃す事やら計り知れぬ事也、高きは下きを慢り卑きは貴きに対して媚び諂《へつら》い、わずかな町人百姓の中でも庄屋年寄と云う様な者には、水飲百姓借家住居髪結用人抔《など》は腰を屈《かが》めねば成らず、至て下れる乞食の中でさえ頭《かし》ら手下と高下が有て、互に心を苦めるが此世の習い、人々我《が》の無い者はない故に、夫れ相応に己を立て少しなり其人より上にと思ふより、喧嘩口論と成り大きに成ると合戦にも及ぶ、是れ何故なれば衆生が平等で無く、貴賤上下の差別有る故也、爾るに極楽の大海に往生すれば、平等一種の菩薩なれば、位争ひじゃの互に慢り媚び諂うのと云う心を苦むる事は名を聞事もなき也云々、(64)

現実の不平等すなわち貴賤上下の差別が、人々の不満・いかり・慢心・嫉妬・諂いなどを生み、争いを惹起するもとになっているとし、しかし、往生を遂げれば誰でも平等に菩薩となれるのだから、そのような不満や争いから起こる苦しみというものを聞くこともありません。そして、だからこそ「娑婆世界の不平等なる苦みと、極楽の平等なる楽みとを思ひ競《くら》べて、此土を厭い彼の土を欣ぶ心を起し念仏増進せらる可し」(65)と、浄土宗の総安心である「厭離穢土・欣求浄土」の心を起こして念仏に励むよう誘導しています。

このことは、諸人にとって、現実の差別が深刻であればあるほど、平等を望むゆえに、ややもすれば現実逃避的になりかねない面もありますが、往生を現世においても得られるならば（あるいは往生を願求する立場からは）、往生後の出世間的価値基準をもって、現実の世間的価値や秩序に煩わされない――現実の価値や秩序を相対化する――いわば内面的自立の境地に転ずる途が開かれているというべきではないでしょうか。

（4） 海水の譬え

次に法洲は、第四の「普《ふ》同《どう》一《いち》味《み》徳《とく》」すなわち、諸の川水の味も大海に流れ入れば、その味は同一の塩水になるということを、弥陀の智願海の法に則して、①名号、②極楽往生後の姿形、③往生後に悟る「平等法性の理」にそれぞれ譬えて説き明かしています。

はじめに①については、大海は平等の塩水だから、誰がなめても塩辛い味がするように、名号もまた弥陀如来が、一切衆生を一子のごとく思って建てられた「平等智願海の名号」ゆえ、誰が唱えても往生するという味に変わりはありません（一味平等に往生する）。②については、大海はどこも同じ潮で変わり目がないように、極楽に往生した人は姿形に変わり目なく平等であるといいます。その理由は、阿弥陀如来が一切衆生の「法性平等の一理」を悟ったうえで立てた本願力により建立された極楽ですから、その極楽の大海に流入し往生したほどの人ならば、「平等一相変り目無く三十二相悉《しっ》皆《かい》金色の姿と成る」(66)というものでした。この人びとが抱く姿形による差別的感情は、なかなか拭い去り難いものですが、法洲は「凡そ此娑婆世界の人々貴と無く賤と無く此容に不同あるに付て、心を苦しめ罪を造る事数限り無き事也、色の白き人は黒い人を賤しめ侮り己れが容に慢心を起し、色黒き人は白き人に対して慚じる心に成り、羨む心に成りて罪を造る、其外大小高下と云うて、容が大きかったり小さかったり、背が高かったり低かったりする、夫《それ》に付ても罪を造る[67]」といい、姿形の好醜に関しても具体的事例を多く載せています。そして、「彼の極楽は姿容平等一相にして悉皆金色彩《あざや》かに容に見め好きの悪きのと云う差別無く別け隔て無く、三十二相の妙相好一度《た》び受け得てよりは、尽未来際無衰無変と衰えるの変るのと云う事無《なけ》れば、妬むの侮るのと云う事は夢にも無く、平等一相と成る故に、仏も猶《なお》雪山の如く等一にして浄きが故にと説き玉えり[68]」と、往生後の姿形の平等一相を結論づけています[69]。

③については、悟りの内容（本質）に関することなので、かなり理論的な説明が加えられています。法洲は往生後の姿形の平等のみならず、証するところの「法理」がまた平等であることを海水の一味に譬え、「此土《しど》の上ではあの人は賢い人じゃ学文がある、あの人は愚かな不学文盲なのと別があれ共、極楽へ往生すればみな同じ平等法性の理を悟るゆえ、賢愚の差別は無く平等なり[70]」と、現世における賢愚の差別も往生を遂げた暁には平等になるといい、その「平等法性の理」について、「是れ則ち森羅万象の根元にて、人々に具え

て居る所の一心の意(71)だとします。この「平等法性の理」＝「一心の意」をめぐっては『般若心経』の「色即是空、空即是色(72)」の理を引き、つまりは「手にも取れず目にも見え ず、何を是とし定む可き物のない(72)」ことを指すのだといいます。

では、その本体は「無」かといえば、「縁に触るれば仏ともなり菩薩ともなり、二乗人天地獄餓鬼畜生の十界の姿を自由自在に顕わす(73)」もので、「仏法の根元根本」でもあります。この真理を学ぶ者を菩薩といいますが、なかでも平等の理を「一分悟ったを初地の菩薩」といい、さらに「夜の明けたる如く薩張《さっぱり》と悟り玉うたを仏」といいます。これに対して、「迷うて真闇《まっくら》なるが人々我等が如き凡夫」であって、以上のような理を譬えていえば「塩」のようなものだと言っています。その本は水で、塩だと定むべき実態はないが、火を用いて煮るという縁にふれれば、白い色を現じ、形ができる。しかしまたその塩を漬物などに用いれば、その形はなくなってしまう。だから、その本体は空であるというよりほかないと。かく種々の色を現ずるように、「悪縁に触ては地獄の炎の赤銹《さび》ともなり、痩衰せし餓鬼の青銹ともなる(74)」し、また「世善をなして人天の白い粉ともなりて、十界の姿歴然たり、是れ即ち空即是色也、其歴然と顕れたる姿に実体無ければ亦縁に触れて転ずる所は、即ち色即是空、何んと能く塩に似た物に非ずや(75)」と。

ところが、往生を遂げれば、皆平等にこの法性の道理（あらゆる存在は因縁生起するもので、固定的実体はないということ）を悟るので差別がなくなります（正確には、差別心から解放されると言ったほうがいいでしょう）。それはちょうど大海の水のどこをなめても味が異ならないようなものだといいます。そしてもう一つ、「法性平等の理」を悟れば、塩の力用によって食物を腐らせず、保たせるように、「自身の修行も退き怠る気遣い無く、不退の徳を得て成仏に至る迄生死を経ず、又他の衆生を化益し済度するにも障り無く心の儘に是を導く、無窮の徳を備えて自行化他共に堅固となる」[76]と結論づけています。

（5）現代から見えるもの

江戸幕藩制社会は身分制度が貫徹された封建社会であって、同一身分内の序列も厳然としており、加えて貴賤・貧富・老若・男女の別のほか障害の有無や容姿の美醜などによる、さまざまなレベルでの差別の実態がありました。そこには、表面化するか否かの違いはあっても、差別による不遇や不満、当時者間の確執、そして心の葛藤に苦しめられた人びとの存在がありました。このような社会を前提にして、上述の法洲の平等論の意味を以下に整理してみたいと思います。

第一に、社会的事実としての差別を否定する言説ではありませんが、往生後（極楽）の平等すなわち宗教的平等を積極的に説き示したことは、念仏を信仰する人々のあいだに大きな自信と誇りを与えずにはおかなかったでしょう。

第二に、この場合の往生は、死後の極楽往生を説くものではありますが、それにしても往生を願う人（念仏者）にとっては、現実社会の価値や秩序（身分制社会における差別）がそのまま死後に反映されるものではなく、それが相対的なものでしかないことを感得させる契機となったと考えられます。

第三に、往生することによって得られる証《あかし》が、あらゆる存在には固定的実体がないということを悟ることであるならば、こうした説示もまた、念仏者すなわち往生を願う人には、現実の相対差別から主観的に自由になる励みとなったのではないでしょうか。

第四に、こうしてみますと、法洲の教説は、念仏者（往生を願う人）に宗教的平等を自覚させ、かつ同信者間における平等（対等）意識の涵養に寄与したものと推察されます。それはまた、大日比浦《おおひびうら》を中心としたこの地方の人々の価値観や生活様式に多大な影響を及ぼしたものと思われますが、ことに当地域への村民の帰属意識や共同性の創出といった観点からも見直すべき余地があるのではないでしょうか。

上記したように、法洲の平等論はあくまでも差別的秩序が維持された社会を前提として一定の意義を有するものです。近代的平等原理を前提とする社会にあって往生後の平等を説くとすれば、それは現実の差別を助長ないし容認することになるのです。

5　末期の看取り
――ターミナルケア

（1）　仏教による看取りが普及した時代

死の問題にフタをし、口を噤《つぐ》んできた現代人のあいだに、近年、死というものを深刻に考えざるをえないような状況が起こってきています。いわく、高齢社会の到来、末期患者の医療・看護、脳死と臓器移植、病院死の増大、安楽死・尊厳死、自殺・自死、孤独死の問題等々、さまざまな事態や問題が私たちをして死に無関心ではいられなくしているわけです。その意味で今日的状況は、久しく忘却のかなたに追いやられていた死の問題が、正当に復権を果たしつつあると言ってもいいのかもしれません。

そうだとすれば、まず私たちは、過去の先人が死をどう受け止め、どのように対処してきたものか、その「死への智慧」に十分の注意を払い、そこから謙虚に学びとる姿勢をもつ必要があるのではないでしょうか。このような考え方に立って、先に私は、この問題にもっとも正面から取り組んできた宗教というべき仏教の「臨終行儀《ぎょうぎ》」に注目し、仲間との共同研究の成果を『臨終行儀――日本的ターミナル・ケアの原点』(77)として発表しました。

臨終行儀とは、人が死と向き合う人生最期の時の迎え方、看取る者と看取られる者との心得と作法を示したものです。おおむね一九八〇年代から臨終行儀への関心が高まりをみせはじめ、その史的研究も進んできていますが、どちらかといえば、源信《げんしん》・覚鑁《かくばん》・法然・貞慶《じょうけい》や良忠《りょうちゅう》などの著作および古代往生伝にみられる古代・中世の臨終行儀とその周辺の問題に関心が集まり、近世、江戸時代についてはあまり論及されてきませんでした(78)。

その理由には、およそ次の三点をあげることができるでしょう。第一は、仏教史の評価にみられる、いわゆる近世仏教堕落論の反映、ことに仏教の世俗化（世俗的価値との緊張関係の稀薄化）の問題があるでしょう。第二は、これに関連して近世仏教即現世利益信仰、近世仏教即葬祭仏教といった捉え方の無批判的一般化です。第三は、医療・看護史の側における医療・看護近代化論ともいうべきものの影響です。この点は、十六世紀に曲直瀬道《まなせどう》三《さん》（一五〇七～九五）が登場したのを契機に、それまで仏教と不可分の関係にあった医療や看護が、儒教的合理精神に基づき医学という学問として仏教から分離独立したとき、同時に幕府の保護を受けた教団は、経済的安定に伴い看護と医療への関心を弱めていったとみなすからではないでしょうか。

では、実際はどうであったかといえば、医療や看護一般に対する取り組みはともかくとして、私は、人生末期の看取りが仏教に基づいて行われるようになり、それが庶民レベルでもっとも普及したのは、むしろ近世、江戸時代においてではなかったかと考えています。その理由を以下に述べてみます。

第一に、寺請檀家制の確立によって、寺・僧と民衆との関係、すなわち、寺檀ないし師檀の関係が緊密となり、僧侶は檀那の死に際して、検死、引導・葬式執行の任務を負わされたのでした。この点は、貞享四年（一六八七）十月の「諸寺院条目」に、

一、寛文年中御条目にも仰《おお》せいだされ候通、旦那の者病死の砌《みぎり》、怪敷体者勿論、悪名之聞など之有《これあ》らば、其家内親類ども、急度致吟味云々(79)

とみえ、慶長十八年（一六一三）五月に定められたとされる、江戸中期の「御条目宗門檀那請合之掟」に、

一、死後死骸に頭剃刀を与え戒名を授る事、是は宗門寺之住持死相を見届て、邪宗にて之無き段、慥《たしか》に受合の上にて引導致す可き也、能々《よくよく》吟味遂ぐべき事(80)

および「一、相果候時は、一切宗門寺の指図を蒙り候行事(81)」と、あるのによって知られる

のですが、このことは、当時の僧侶が、死後の検死や葬祭ばかりでなく、その手前の看病・看死にも一定の役割を担ったものと推察させるものがあります。

第二に、この時代は一部の宗派を除いて臨終行儀に関する書籍の出版が多く、また往生伝類の編纂・刊行も頗《すこぶ》る盛況でした。つまり、それだけ僧侶によるこれらの活動へのニーズの高さを示すものでしょう。第三に、実際の看取りに関しても、浄土宗系の例ですが、近世の数々の往生伝には、病・死に立ち会う善知識としての僧侶がしばしば登場します。近世の僧侶は、現代の僧侶にくらべ、はるかに死の臨床に深くかかわっていたのです。

（2）説話に見える庶民の念仏観

仏教によるターミナルケア、すなわち末期の看取りがなかば宗派を超えて盛行であったとしても、ひときわ注目されるのは、平生とともに臨終を重視する浄土宗系の場合です。当時の人びとに、浄土宗の念仏が、他宗の教えと比較して（仏教全体の中で）どのように受容されていたものか、いくつかの文献から見届けておきましょう。

安楽庵策伝《あんらくあんさくでん》の『醒睡笑《せいすいしょう》』には、日蓮の徒と浄土宗の徒との論争がユーモラスに描かれていますが、その中にこんな話があります。

日蓮宗の檀家の者が、菩提寺の普請の手伝いに行き、壁の下地をつくるのに竹を組んでいたところ、誤って縄が切れ、高い所から落ちた。その瞬間、「南無阿弥陀仏」と叫んだ。同じ仲間の者が介抱して、ようやく意識がはっきりしてきたので、

「お前はかりそめにもお題目を唱えずに、なんだって外道の念仏なんか唱えたのだ」

と問いつめると、

「そのことさ、さっき落ちるときは、てっきり死ぬと思ったもの」

と答えた(82)。話はそれだけですが、念仏がどういう場面で必要とされていたかが察せられます。

また、『新著聞集《しんちょもんじゅう》』によると、松平阿波守の家来望月与市郎は代々日蓮宗の家系で、その母は篤信者であった。彼女は江戸谷中の帰依の上人に、つねづね自分の末期には、決定《けつじょう》成仏の一句を示して欲しいと頼んでいたので、臨終のとき息子がその上人を招いた。

上人が言われるには、その一句とは、「念仏を真実心に申したまえ、大切の念仏を、浄土宗は疎略に申すゆえ、念仏無間《むげん》というなり。決定して申せば、往生うたがいなし」と勧められた。

このとき、病人（母）は、息子を呼んで、「我此年まで、日蓮宗のつとめを、誠とおもいし悔しさよ。今既に死門《しのかど》にのぞんで、俄《にわか》に弥陀如来をたのむとも、何条御めぐみあらん。自《おのれ》こそかくありとも、汝らははやく浄土宗になれ。上人も今はいらず。疾《とく》帰りたまへ。情なくたぶらかされしかなしさよ」と、さんざんに言った揚句、深川霊巌寺（浄土宗）の和尚を招請し、その一念十念来迎の勧化をこうむり、一向に念仏して正念往生を遂げたといいます[83]。

この話には、「臨終改宗」との見出しがついており、ここでも死に臨んで、念仏は有効な手段であると認識されていた様子が伝えられています。また、当時の篤信者が、平生とともに臨終時の心得や作法にいかに心を砕いていたかが偲ばれます。

同じ『新著聞集』に、「秘符病を療し却て宗旨をあらたむ」と題して、こういう話も載せられています。

京烏丸長者町のさめや三郎左衛門の家は代々日蓮宗であった。あるとき彼は、激しい熱病に襲われ、生死の境をさまよった。その折、本能寺（日蓮宗）の上人が来訪して懇《ねんご》ろに加持し、秘符（護符）を与えるとたちまち高熱はさめ正気に戻った。三郎左衛門はその法力の勝れた点をありがたくとうとび、いかなる「無上の種字」であるかとひそかに秘符を開けて見たところ、それは六字の名号であった。彼はこれを機会に宗旨を改め、浄土宗誓願寺の檀那になったといいます(84)。

最後にもう一つ紹介しましょう。浅草元鳥越《とりごえ》明神前に、神主長屋という長屋がある。この長屋の管理人に惣八《そうはち》という男がいた。彼は「年ごろ多病」につき医療を尽くしたが、あまり効き目もなかったので、ある人の勧めにしたがい、にわかに宗旨を日蓮宗に改めた。

惣八はもとは浄土宗の浅草小揚《こあげ》町浄念寺を菩提所としていたので、ある日、病間をぬって浄念寺を訪れ、「やつがり長病祈禱の為に、日蓮宗にならばやと思いさだめ候。しかれども改宗は、只わが夫婦のみにして、子どもらはさる望みもなし。かかればかれらは、いついつまでも貴寺を菩提にこそたのみ奉るなれ。この義をうけ引き給えかし」と、申したところ、住持は了解してくれた。惣八は喜んで日蓮宗の寺を菩提所と頼み、以後法華を信仰して題目のみ唱えていたが、病はいよいよ重くなり、文政七年の大晦日には危篤におちいった。

ときに「みずから浄念寺に赴きて、過ぎつ比、しかじか申して改宗したけれども、病はおなじように侍り。かかればいかで、はじめのごとくみてらに葬り給われかし。やつがり、くすしの力にも及ばず、今はよみぢに赴き侍れば、又さらに此事をたのみ奉らん為に、病苦を忍びてまいりぬといい果てて、いでゆきにけり」。住持はこれをあやしみ、その日のうちに人を遣わして忽八のことを尋ねたところ、彼は昨夕死んだとのことであった。さては忽八の亡魂がなさしめたことかと、住持は忽八を不憫に思い、彼の願い通り浄念寺に葬ったといいます。(85)

この話には、現世利益＝祈禱の日蓮宗と来世往生の浄土宗といった対比がうかがわれます。

こうしてみると、浄土宗の念仏は、病を媒介として「後世の為」、すなわち「安らかな死」を迎えるための宗教的条件とみなされ、当時の人びとの一般的な宗教心を形づくっていたものといえましょう。これに対して、日蓮宗・真言宗・天台宗などには、人びとはむしろ祈禱による「治病息災」を期待していたのです。しかし、それにもかかわらず、祈禱系教団においてさえも、臨終時の心得や作法を示す書物は少なからず版行されました。避けられぬ死と真摯に向き合うための説教は、仏教の庶民教化にとって欠くことのできない要素であったからです。

（3）盛んに読まれた臨終行儀と往生伝

先に近世には、臨終行儀関係書（＝論）や往生伝類（＝伝）の編纂刊行が盛んであったとし、そのことがこの時代の仏教による看取りの普及を示す一つの根拠だと述べました。この論と伝は、浄土宗に即して言えば、いずれも弥陀の選択本願念仏による往生極楽の教説を伝えるためのツールであり、かつ看取りの視点に立てば、その理論（指針と方法）と実践（事実）の関係にあたります。そこで、両者の密接な関係について、以下三点にわたってふれておきましょう。

第一は、成立時期と内容です。近世に至って往生伝が版行されるのは、万治二年（一六五九）の『続本朝往生伝』一巻（延宝二年再版）、寛文九年（一六六九）の『日本往生極楽記』一巻（延宝二年再版）に始まります。しかし、当初は上記にみられる古代往生伝の復刻にとどまり、近世に新たに編纂された往生伝の開版は、元禄元年（一六八八）の了智《りょうち》編『緇《し》白《びゃく》往生伝』をもって嚆矢とし、(86) 以後、次々と同時代の往生伝が編纂されます。一方、臨終行儀書についても、正保五年（一六四八）の袋中《たいちゅう》『臨終要訣私記』にみられるように、唐の善導作とされる『臨終正念訣』の註釈に始まり、中世の臨終行儀書（聖光『臨終用心抄』、良忠『看病用心抄』等）の校訂編集・出版が行われ、さらにそれをベースにした新たな行儀がいくつも作られているのです(87)。こうした点は、すでに池見澄隆の指摘にもあるように、往生伝が新たに開版され始める時期と、臨終行儀の新撰や註釈が盛んになる時期との合致を意味すると同時に(88)、往生伝が古代往生伝の復刻から近世往生伝の編纂へと推移したごとく、臨終行儀書もまた、新たな要素を加えて再編されていったわけです。

第二は、往生伝も臨終行儀書も始めのうちは、文体も漢文体である場合が多く、時代が下るに従って和文体へと変化をみせています。このことは、単に体裁上の問題にとどまらず、両書とも僧侶の布教テキストとして用いられていた段階から、僧侶とともに一般信徒をも読者対象に迎え入れるようになったことを意味します。たとえばこのことは、比較的早い時期（貞享三年〈一六八六〉）に刊行され、後代まで普及をみた代表的な臨終行儀書の一つ、慈空《じくう》『臨終節要』の序に弟子の洞空《とうくう》が寄せた、文《ふみ》国風に随《したが》うは童蒙に便りして以て垂終の扶急に備うと（原漢文）(89)の文によってもうかがわれます。この『臨終行儀』を読み参考にして往生を遂げ、往生伝に名をとどめた往生人については後述します。

第三は、往生伝および臨終行儀書の編著者の性格についてです。私は、かつて近世往生伝の編者の性格について検討した結果、「全体としてみるならば、往生伝の編者は、捨世派系念仏僧ないし、そのシンパサイザーであったといってあながち誤りではあるまい[90]」と述べたことがありますが、一方、臨終行儀を重視し、これに関する述作を残している僧の中には、捨世派系念仏聖（もしくはそのシンパ）が少なくないとみられます。往生伝の前提ともいうべき臨終行儀書の作者に、これと同じ傾向があったとしても不思議ではないでしょう。後述する関通・信阿《しんあ》・法洲・徳本《とくほん》などに、その例をみることができます。

また、仏教の福田《ふくでん》思想に基づいて、「看病福田」が強調されたことはよく知られていますが、浄土宗の勧導書のなかでもこの点をみのがすことはできません。

たとえば、元禄六年（一六九三）の序をもつ浄土宗系の僧香雲《こううん》の『法《のり》の道しるべ』（安永七年〈一七七八〉、澤田吉左衛門刊）によると、

> 一、病人あらば、万事さしおきて、かん病するをよしとす、もしみずからかなわぬ、隙の入事あらば、人を頼みて、かん病させしむべし、くすり、其外病人によろしき、食物等に至るまでも、随分に、いたわりて、ほどこすべし、八福田の中にもかん病のくどく、第一の福田なりと梵網経《ぼんもうきょう》に説き給えり、むかし、祇園精舎に、病人ありしか

ば、しゃく尊、御手づからふじょうをすすぎあらい大小べん利をとり、したしく大せつに、病人をあわれみて、かん病したまえり、仏の道をねがう人だれか、是をおろそかにせんや（四十三丁オ）

とみえ、看病は仏道にかなう大切な行とみなされています。

次に、寺僧のあるべき姿を規定した「住持訓」では、臨終の看取りについて、どのような指示を与えているかみてみましょう。

仏定《ぶつじょう》の『続蓮門住持訓』（寛政十一年〈一七九九〉作）によれば、日課称名を勧めることが「寺持の肝要の大事」だとし、それとともに、

且親疎を論ぜず、臨終の者を見ば、暇を惜まず、力を尽し、念仏を勧め、往生を遂げしむべし、宗門の大事、何かは此に過たる事あらん、導祖の要決（訣）等の意に依り、臨終節要恒に熟覧すべし。(91)

と、臨終時の念仏による看取りの重要性が示されています。文中の「導祖の要決（訣）」とは、善導《ぜんどう》作と伝えられる『臨終正念訣』のことで、『臨終節要』もまた前記の慈空の手になるものです。

臨終時における看取る者と看取られる者の心得や作法を示したものとして、特にこの両

書が重んじられていたことが知られます。そこで、その『臨終節要』の民間への流布を物語る記事を紹介しましょう。関通『随聞往生記』によれば、

或時父、そよにいいけるは、平生百年の善を滅して悪道に堕するもあり、平生百年の悪業をひるがえして、浄土に往生するもあり、共に臨終の一念なりときけり、尤用心すべきことなり、然るを命終にのぞむ人に独尽湯《どくじんとう》をあたえ灸をすえ、或は妻子病床になきおめき、または手あらく起臥せしめ、酒肉五辛を近づけ侍る事、皆是正念を失脚し往生を障る因縁なり、子として父の出離を妨たげば不幸これより大なるはなし、汝此一巻を能く拝見し、わが臨終の正念をたすけよとて、臨終節要をわたしければ、謹で命をうけ再三熟読し、一部始終能《よく》領解し侍りし云々。(92)

ここで主人公のそよは、父親から「わが臨終の正念をたすけよ」といわれて渡された『臨終節要』を熟読し、その意を了解しました。ところが、老少不定のこの世のこと、娘の自分の方が病床に臥す身となってしまい、父のために習いおいた臨終の用心がわが身の臨終に役立ったのです。

彼女は病臥してからというもの、肉食を断ち、(病気治しの)修験者も入れず、看病人にも酒肉五辛を断たせ、病気見舞いの人も病床に近づけませんでした。また、臨終のときに

は、ただ父と乳母の両人で静かに念仏助音し、死後二十四時（二日）の間遺体をそのままにしておいてもらうよう父親に頼んでいます（以上の心得や作法は多くの臨終行儀書にみえる）。『臨終節要』に導かれた、まさに模範的な臨終行儀の実践者というべきでしょう。

（4）念仏結社の看取り

ここでは、捨世派念仏聖の向誉関通と信阿《しんあ》宅亮《たくりょう》の両人それぞれに帰依する同信集団（念仏結社）において、臨終の看取り（看病・看死）が重視されていた事実を確認しておきましょう。

はじめに、享保二十年（一七三五）閏三月、関通を慕う信者たちが念仏会を結構したとき、師関通に請うた規約（「念仏講衆示書」(93)）によれば、その第一条件には、

臨終の事、自他共に肝要の事に候えば、かねて法要をならい、稽古せらるべき事

とみえます。また、関通が寛保四年（一七四四）に弟子たちに示した七カ条の最後には、

病縁の事、ことごとく大切に取り扱う。真実に看病いたさるべく候。此一事おろそかにこころえまじく候。痍《きず》の軽重をはからいよく介抱いたし、且又必死決定の覚悟有之

候様、平素師説を守り、念頃《ねんごろ》に勧誘いたし、一大事終焉麤情《そじょう》あるまじく候。(94)

とあり、さらに、明和二年（一七六五）三月に記した貞寿寺尼衆に対する五カ条の警訓の中にも、

臨終は一期の大事にて候あいだ、つねにこのことをかたり合せ、病の時は、たがいに実を尽して看侍すべし。病の軽重によらず、必死の覚悟に住するが肝要のことなり。看病の人病者の心おちつき、やすらかなるように理《ことわ》りを説《とき》かせ、正念みだれず、念仏相続して、さわりなく往生を遂げるように、真実にとりあつかうべし。これ最要の大事なり。等閑に思うことなかれ。(95)

とあります。以上によって、関通がいかに臨終の迎え方、病の受け止め方、看取りの心得を大切に考えていたかが知られます。

次の文章は、当時京都で念仏弘通に努めていた関通が、愛弟子阿仙《あせん》の病状を伝え聞き、彼に宛てて書き送った臨終の心得です。長文ですが、繁を厭わず引用します。

其略にいわく、阿仙事病気勝れざるにつき、其身必死の覚悟にて祐松も勤行ごとに正念命終を回願し、且同行相集り別時百万遍など修行のよし、難有《ありがたき》覚悟にて誰々も最後こそ候え、生者必滅遁《のが》れざる事なり、其内にも左様覚悟の事別して愚老（関通、カッコ

内筆者）が身にとり悦入候ね、されども無始以来、惜み習いたる命に候えば、又自然と本復あるまじとも思われぬなど、娑婆の余習もある事に候得ば、唯本願をたのみ一筋に称名いたさるべく候、今身に往生し損じ候得ば、幾千万劫にも出離はかりがたく候程に、今度是非とも助給えと打かたむき申さるべく候、此上は声は立ずとも一はげみ申さんと、こころばかりにも励み度存じらるべく候、念仏だに申候得ば、苦痛させてよければ苦痛させ、安楽にしてよければ安楽になし給えば、とかく仏まかせと私のはからいなく、御念仏申さるべく候、出入の息に死をまつ覚悟になさるべく候、勿論病苦にて気《き》六《むず》かしく成事に候、夫も覚悟して至極堪忍なさるべく候、万事穢土は苦界と心得て浄土ならではとおもいすえ、とかく南無阿弥陀仏と申さるべく候、病床に出入の度に高声念仏すべしと、祐松へもきと申付可被成候、死は覚悟しても〳〵思いよらぬ事これ有候間、ただ油断せぬが専要に候、先哲の法語に、八万の法門は生死の二字にとどまると候得ば、出家修道の本意最後の一念肝要に候間、頼みても頼むべきは本願念仏に候、右之通病床ちかくよみきかせ、祐松身力の及ぶだけ慇懃に看病いたすべく候、此書円着いたし候わば最後死別の十念と存じられ、十声称名せらるべく候、愚老此書したため畢時合掌して十念を授け候、以上[96]。

病状が悪化すれば、「必死の覚悟」と念仏の励修が肝要で、その他のことは仏にまかせて死をまつこと。ただし、死は覚悟していてもなお思いもよらぬことが起こりうるので、くれぐれも油断せずに最期の一念に至るまで、本願念仏を頼み続けるようにと、懇切に注意を促しています。

こうしてみれば、関通に『臨終節要集録』『臨終用心』『臨終用心追加』（いずれも成立年次不詳[97]）といった述作があるのも当然といえば当然のことです。『向誉上人行状抜往生聞書』や『随聞往生記』等の往生伝は、その意味で関通の説き示した臨終行儀の実践編ともいうべきものでした。

ところで、前記の『臨終用心』および『臨終用心追加』に『専修念仏同行講衆江掟書』（上掲「念仏講衆示書」と同文）を加えた三篇は、関通の弟子法岸《ほうがん》（長門国大日比西円寺八世）の遺稿『臨終要語』（天明七年〈一七八七〉秋作）と合わせ、『専修念仏四要篇』と題して文化十三年（一八一六）三月、西円寺九世（現住）法洲《ほうじゅう》により上梓されています。法洲の「四要篇合刻の述意」によれば、先の三篇は、関通が、

> 門下の士女に示されしを、我光誉先師（法岸＝筆者注、以下同じ）向師（関通）の座下にありし時、書写して護持せられしを、当時住職の後、例月の念仏会等には、必ずこれ

を披講して、ねんごろに勧誡せられける。されば辺境の愚俗なれども、おのずから別時行儀の規則もととのい、殊に臨終の用意に熟しぬれば、先師の住職よりは、はや三十有余のとしつきを経ぬるに、村中の老少一人として、終りをあやまちしものなく、皆ことごとく往生の本意を遂げにし事、これまたく先師の婆心うむことなく、この篇を講ぜられしによりてなり、さるを化縁の薪つきにけるや、去冬極月はじめの五日泰然として帰寂せられければ、諄々の教誡きくを断るがいたましく、せめてはこの三篇をかた木にして、受化の人々にあたえ、ありし世の慈訓になぞらえしめんとする物から、さらに遺稿の臨終要語を添附す（一丁オ〜二丁ウ）

とみえます。

つまり、①上記の三篇は門下の男女（「日課称名の同行」）を対象に教示されたものである。②この三篇は法岸が関通に師事していた折に書写し護持していたものである（この写本現存）。③法岸は西円寺住職在職中、月並念仏会などの機会にかならずこの三篇を講じて信徒の勧誡にあたった。④その結果、人々は別時行儀を身につけ、さらに臨終の用意も周到を極めたので、これまで村中の老若男女はことごとく往生の素懐を遂げた。⑤師法岸寂後、その教誡（三篇についての）が伝えられなくなるのを惜しみ、師の遺稿『臨終要語』を付加して刊行した、というのです。関通の専修念仏の風儀は、捨世一流の「大日比三師」（光誉法岸・承誉法洲・元誉法道）によって長門国を中心とし、近国各地の念仏信者へと懇ろに伝えられ、やがて幾多の往生人を輩出し、『長陽緇素《しそ》往生伝』など、新たな往生伝を生み出していったのでした(98)。

次に、洛北古知谷阿弥陀寺を拠点として念仏勧化を展開した信阿の著『浄業策進』から、同信集団における臨終の看取り（看病・看死）と追善の重視についてふれてみたいと思います。

本書再刻の「端書」によれば、この書は明和四年（一七六七）春、開山弾誓《たんぜい》の尊像を一条浄福寺において開帳した折、四十八の『蓮華勝会』を発起し、弾誓真筆の名号四十八幅を各講中へ一幅ずつ授与したうえに、平生・臨終の心行策励のため著したものですが、天明八年（一七八八）の大火災によって焼失してしまいました。再版の契機となったのは、ある日法友が訪ねてきて、前掲『四要篇』の上梓を例にあげ、あちらでは門下の警策のため版行しているのに、貴山において『浄業策進』の再版をみていないのはいかがなものか、と再版を勧められたからです。

再版は文政元年（一八一八）九月でした。はじめに、六カ条からなる「蓮華勝会規約」

が掲載されているので、左に全文を引いておきます。

一、今茲開帳の因に蓮花勝会興行に付第一安心起行臨終の行儀等を如法に相守り、若講中の内病気あやうく相見え候節は、日々かわる〳〵看病して一大事の臨終如法に勧策肝要たるべき事勿論、中陰の間は打寄百万遍追善有たき事

一、開山上人御親筆名号を講中へ一幅授与いたし候而、銘々印形之証状請取置候通、毎月一夜講中打寄極楽往生の為に百万遍念仏幷日課各百声ずつ修行せらるべき事、尤集会の節茶ばかりの会釈にて食事馳走がましき儀は堅く無用にして、毎に此一冊を誰にても壱人声高によみて講中拝聴せらるべき事

一、香花灯明仏前の荘厳は力のたえたらんに随いて、同行の交り敬上慈下親切にして互いに警策を加え心行退転なきように念仏相続して、永く子孫に至るまでも此勝会専修念仏退転なく相続いたし候様に伝え置可被申事

一、講中集会の砌は世上無益の噂咄し堅く停止せらるべし、在家はまれに忙裏に閑をぬすみ、たま〳〵菩提を願うわずかのいとまに心を余事にうつすは志しのなきゆえなり、恥べく慎むべき事

一、専ら本願を信じ、兼て因果を信じて廃悪の旨を守、身持相慎常に如法の知識に随

い、或は深信の行者に交り、安心起行僻越なきように用心せらるべき事
一、元祖大師の一枚起請文は最後決了の正義、大悲徹底の宝訓なれば、時々聴聞して安心をやすらかに定め、起行をつよくはげむの基いとせらるべし。ゆえに堪能の人はそらんじ覚えて、常にとなえもし、きかせもせられば、自他の利益いと深かるべし(99)

とみえます。内容は関通の「念仏講衆示書」と大同小異ですから、それを参考にしたものか、あるいは両方のモデルとなるものがあったのかもしれません。ちなみに、先の法洲も結衆に対して「浄業会規則」（寛政九年〈一七九七〉）を定めています。

講中における毎月一夜の集会のあり方や心行の策励とともに、やはり注目したいのは第一条で、臨終行儀の遵守、講中に重篤の病人が出た場合に、日々交替で看病に従事し、臨終の一大事が如法に行われるよう配慮すべきだとしている点です。

関通の場合もそうですが、死後中陰の間における追善修行（百万遍念仏）を重視しているのは、同信同行間における看病・看死・追善に至る一連の共同の営為を示すものといえます。本書は、この規約に続いて、いくつかの法語を載せたあと、全頁の三分の二を「臨終用心」（「看病人心得の事」「病人心得の事」を含む）に割いています。内容的には大部分が従来の臨終行儀書に収められている先徳の言葉であり、オリジナリティーはほとんど認められ

ませんが、関通の場合と同様、信阿の主要な関心がどんなところにあったかを察するに難くありません。

以上、関通と信阿をそれぞれに師と仰ぐ、同信集団における成員相互の看取りの重視につき問題としてきましたが、われわれは、このような念仏結社のルーツを十世紀末の叡山横川《よかわ》首楞厳院《しゅりょうごんいん》の「二十五三昧会《ざんまいえ》」に求めることができます[100]。この結社は念仏の同志二十五人で組織され、毎月十五日の満月の夜に集会を開いて不断念仏を行っていましたが、同時に、いつの日か同志が病に倒れたときは、臨終行儀（『往生要集』中巻の末尾に見える）にしたがって、その死に至るまで仲間たちが看取ったのです。死を孤独で迎える怖れや不安は察するにあまりあります。それだけに、信仰を同じくする仲間によって看取られる死はどんなにか心強いものでしょう。

「二十五三昧会」にみられたこのような同信同行者相互における念仏策励と看取りの伝統は、近世に至り、浄土宗の関通・信阿の例にみられるごとく講組織の形態をとって受け継がれ、広められていきました。また、われわれはこの時代に、死への準備教育や看取りの学習が念仏同信集団の中で日常的に営まれていた事実を忘れてはならないでしょう。

捨世派系の専修念仏者の中でもまたタイプの異なる、苦修練行の念仏行者に江戸末期の徳本《とくほん》がいます。彼の布教・教化の足跡は全国各地におよび、民衆に圧倒的な人気を博しました。そこで次は、徳本の臨終観について、若干ふれておきましょう。

　徳本は念仏者の臨終と、そうでない者の臨終の違いをこう述べています。「生涯精出して」念仏を申す人は、臨終時に弥陀の来迎を蒙り、結構な浄土へ迎えてもらえるが、念仏を申さぬ人の臨終は、「生涯作りたる罪にせめ殺さる、故は、髪の毛一と筋きりはなす程の暫くの間を永く覚えて、其間に五百度《た》び死《しん》だり活《いき》たりする、誠に恐ろしい事[101]」だといい、また、念仏を申して往生する人の臨終は、「極眠たい時、ころりと寝入た心地して、目を開いて見れば、早娑婆ではない極楽の東門がばっと開く、爰が廓然《かくぜん》大悟と云て、念仏の行者初めて悟りを開いた所じゃ[102]」と述べ、続いて、弥陀三尊、二十五菩薩の来迎引接《いんじょう》にふれた後、「此通りさっぱり死ぬるのではない、極楽に往生して何《い》つまでも死なぬ仏になるのじゃ、惣じて仏法には死ぬる法と云わないものなれども、今の世に死なぬ法と云ば、念仏計りなり[103]」と、念仏により極楽で「死なぬ仏」になるのだと説くのです。

　徳本の語り口は、まことにリアリティーに富んでいますが、この点は、臨終来迎に関する次の言葉によってもうなずけます。

　地獄がのぞみなら念仏を申なよ、極楽望ならば念仏を申ぞよ、みんな目にみぬから疑《うたぐ》りの起《お》こるが、臨終の時には念仏の功徳にておがみ奉る、唯一心にしてみだれずば臨終の三日まえよりおり〳〵夢に仏のかたちを拝奉る、五色滅して二色の時、如来の御来迎に預る、其時光明と云物はかべの間《あいだ》や戸の間より朝日のさし入るように光明家の内をてらしてうれしい事は身のおき所はない、此時にうたがいがはれてはずかしく思う。(104)

また、臨終には善知識の存在が重い意味を持つものですが、徳本はこの点に関し、ある人が臨終の知識を誰に頼んだらよいかと質問してきたのに答えて、「臨終の知識というはなむあみだ仏五々のぼさつを看病人に、仏願にただうちまかせ南無阿みだ仏唱えて引接に願ればよい(105)」と、言っています。

つまり、南無阿弥陀仏を善知識と頼み、二十五菩薩を看病人に見立てているのであり、必ずしも形式的なことにとらわれていない徳本の境地が偲ばれます。ちなみに、徳本の関東摂化の記録などには、病床にある僧俗からの求めに応じて、彼が臨終の善知識となっている様子がうかがわれますし、また、病僧が徳本の名号を「臨終仏」としたいと希望している例もみられます。

このほか、徳本の場合は、祐天《ゆうてん》（一六三七〜一七一八）とならんで「拝腹名号」の功徳が巷間に知られています。それは、六字名号を記した小さな札を飲み込むことですが、盃の水面に小幅名号の影を映して、その水を飲み込む場合もあります。重篤の病人に名号を拝腹させ、念仏による安らかな死を迎えるための特異な信仰であって、カリスマ徳本の面目躍如たるものがあります。

（5）往生伝にみる看取りの実例

往生伝は、ある意味で看病・看死の臨床記録という側面をもっています。そこで、以下に往生伝にみられる看取りのケースを三つ紹介し、浄土宗におけるターミナルケアの特質を整理してみましょう。

ケース1　京都・隅田五左衛門の娘孝（享年三十三歳）

孝《こう》は幼少時に信仰深い父母に勧められ日課念仏千遍を誓約した女性でした。文化九年（一八一二）六月に発病し、医療を尽くしたが回復せず、医療行為の限界をさとった孝は、「死病」と覚悟して死を待つ日々を送るのですが、ちょうど亡くなる半月前から地獄の苦しみの相を見るようになります。そして、宗教的な罪悪感に悩み心身ともに衰弱していきました。傍らにいる両親や看病人は、そうした孝の苦相を目の当たりにして気が動転し、「護摩だ、大般若だ」と祈禱を試みました。しかし格別の効果もありませんでした。この段階（一月二十九日）で「善知識」が登場しますが、このケースでは隆円《りゅうえん》です。

隆円はまず、親や看病人に対して一種のカウンセリングを行い、次に鬼や火に恐怖する孝に対して、その苦相の宗教的意味づけをし、病人を恐怖心や精神的苦痛から解放します。ここでは患者と善知識のコミュニケーションがはかられ、彼女の信仰のあり方、臨終の心得というようなことが示されつつ、その導きによって、孝本来の念仏が増進せしめられ、結果として阿弥陀如来の来迎を感見しました。好相を目の当たりにした孝は、身も心も安楽の方向へ向かっていき（イメージの持つ治癒力によるものか）、最後の段階では、善知識の教えのもとに臨終の作法を行い（一月三十日）、やがて看病人に見守られながら念仏のうちに眠るごとく往生を遂げました（安らかな死）(106)。

ケース2　岡崎・藤屋治右衛門の三男逸翁（享年十七歳）

逸翁《いつおう》もまた仏縁の深い家に育ったのですが、万延元年（一八六〇）六月十四日、突然の病に倒れました。医療を尽くすも回復せず、心配した両親は日頃から帰依している寺院に赴き、息子の滅罪と正念往生を願って百万遍念仏を依頼しました。そして、深い悲しみのうちにも息子に「念死念仏」（死を念じて念仏を唱える）を勧め、家族ぐるみで終夜交替の助音念仏につとめました。逸翁も苦痛をおして念仏を唱え続けましたが、翌十五日には激痛のあまり死を覚悟し、来迎仏の絵を壁に掛けるように頼みました。

　こうした経過を通して、ケース1にもみられたように、看病人と患者との、いわば死の臨床における心の交流（共感）を読みとることができます。また、激痛のあまり病人は死を覚悟し、来迎仏を壁に掛けるという浄土宗の伝統的な臨終作法が見られ、さらにこれを拝して念仏が励修されます（六月十五日）。ここにも、病を媒介とした往生の予兆に対する受け止め方を見ることができます。

　そして、この段階で看病している老母と息子との死を目前にした覚悟の対話がなされました。その結果、断末魔の苦しみの中で息子は「名号水」を求め、念仏とともにそれを飲み干し、そのまま合唱して静かに逝ったのでした（六月十五日）[107]。まさに正念往生であります。

ケース3　三河国宝飯郡の農民弥助（享年不詳）

弥助もまた、発病から半月という短期間での死を迎えますが、やはり篤信の家族に囲まれた念仏の信徒でありました。発病時から高熱を発し、医薬を尽くすも病状はよくなりませんでした（慶応三年十二月二十七日〜翌年一月一日）。弥助の容体は傍目にも「死病」と映るほどで、その頃には全身に疲労感が増すようになり、いよいよ死を覚悟して念仏を続けました（一月二日〜五日）。

ここで弥助は、死後、自分の体を浄土往生への結縁となるように、看病の人びとに見せることを託しました（一月六日）。その後、夢うつつのうちにありし日の善知識の説法の内容を思い出し、大病にもかかわらず安楽に念仏できるのは、「心光護念の利益」、つまり仏さまのお慈悲に守られているからだと受け止め、同時に阿弥陀仏の光明を感見するという瑞相を体験しつつ、看病人に励まされて上品《じょうぼん》往生（最高の往生）を誓いました。そして、死を待つ心で念仏し、浄土往生を期す和歌を揮毫したのです（一月七日〜八日）。翌日には、身体を清めて本尊を礼拝し、懺悔念仏しました。さらに次の日、弥助の容体が変化したので、いよいよ死が間近かと思って看病人が来迎仏を掛けると、弥助は、言い残したことがあると言い、自分の瑞相体験（如来の光明が輝き、それが無際限に広がりを見せていくというもの）

を看病人に語りはじめました（一月十日）。

亡くなる前日には、上品往生を願う身として、眠る間もなく多数の念仏に努めることが自分の本意だと語り（一月十一日）、翌日には、食事がとれなくなる一方、家の内外に諸菩薩を感見して、いよいよ臨終が近いことを周囲の人に告げました。看病人はこれを臨終の予兆と感じとり、病人の呼吸に合わせて助音念仏を唱えました。弥助はときどき水で口を湿らしてもらいながら念仏し、時折、来迎仏に向かって合唱し念仏を続けました。その声はまさしく経文に説かれるような微妙の音声であり、看病人の助音念仏のうちに静かに息絶えたのでした。その死相はきわめて麗しいものでありました（一月十二日）[108]。

以上の三ケースは、数ある往生伝の中から抽出したほんのわずかな例にすぎませんが、浄土宗における看取りの問題を考えるうえで、さまざまな示唆を与えているように思います。

第一は、看病ないし看死の目的についてです。それは、医療行為の限界を自覚した病人が、往生を願い念仏を相続していくことによって死を受容し、浄土へと旅立つ（＝永遠のいのちの世界への帰入）ための宗教的ケアが中心です。だからこそ善知識たる僧がいない場合には、看病人は善知識であるべきで、その任務は宗教的な救いと看取りを一体とするものであったでしょう。

第二は、看病人と病人との関わりについてです。往生伝の中では、看病する人と病人とが念仏信仰によって結ばれている場合が多く、臨終時における共感的な交流と支え合いがあります。前述の念仏講など同信集団にみられた看病人と病人との関係にも通じるものがあります。また、それを通して死をめぐる相互学習が行われるわけで、看病人の他日往生の助縁ともなりました（浄土での再会＝「倶会《くえ》一処《いっしょ》」）。看病の宗教的意義もそこに求めることができるでしょう。

第三は、看病の方法です。これについては、ターミナルステージにおける援助のシステムを含む環境の重視ということに尽きるでしょう。臨終行儀に関する書物の場合は、この方面の記述も詳しいですが、往生伝では、そのうち病人やその家族が置かれた状況に即して対応がなされていることが知られます。

人は生きてきたようにしか死ねない、と言いますが、往生伝を読むと実にその感を深くします。近世浄土宗の信者の中には、平素から菩提寺の住職や帰依する僧の説く（あるいは書物によって）信仰生活のあり方や、臨終時の心得や作法を学び、自身の往生、家族の往生、同信者の往生のためにこれを実行した人が少なくなかったでありましょう。そして、めでたく往生の素懐を遂げた人々の中から、往生伝にその生きざまと死にざまを書きとどめおく人物が出てきたのでした。本書ではたぶんに未消化に終わってしまいましたが、近世における臨終行儀と往生伝をワンセットにして、当時の人々の末期の看取り――ターミナルケア――を考える緒《いとぐち》になればさいわいです。

註

（1）速水侑『日本仏教史・古代』（吉川弘文館、一九八六年）「3　民間菩薩僧の活動」参照。
（2）五来重『先祖供養と墓』（角川選書、一九六二年）「3　行基・空也と三昧聖・三昧僧」参照。
（3）網野善彦『日本の歴史を読みなおす（全）』（ちくま学芸文庫、二〇〇五年）一一九～一三五頁。
（4）拙著『近世の念仏聖無能と民衆』（吉川弘文館、二〇〇三年）二～三頁。
（5）同上書、参照。
（6）『関通和尚行業記』（六六頁）（田中俊孝編『雲介子関通全集』第五巻所収）。
（7）同上全集所収『向誉上人行状聞書』一四九頁。
（8）前掲『関通和尚行業記』二一頁。
（9）たとえば『向誉上人行状記』（三二頁）にも、「斯くて上人は、持律堅固にましまして、爾も称名勧策し給へは、里内近村の若き女の田歌にも称名を以ってし、犬打つ童も戯れに百万遍をそ遊ひける。洋々として人家に称名の声せさるを愧とし、魚を喰ふを恥辱とす。依って魚籠を荷ふ商人は、足を禁して入らさりし。しかれ尚鉤する人は、竿を折って数珠をつまくり、網する人は網を切って鉦を打ち、老若男女称名を以って業とし。農業を以って助業とせり。上人は西方寺住職の時、本より約束に一向念仏を業として、檀家を顧みす世事放下し給ひて、寝食を忘れて称名したまふ」とみえます。

(10)　前掲『関通和尚行業記』（六一～六二頁）。

(11)　たとえば前掲全集所収の『関通和尚行業記』にみられる、尾張国津島郷の伴氏助給居士（三七～三八頁）や三州国崎の太田氏某甲（四一頁）など。

(12)　拙稿「浄土宗念仏者の理想的人間像――後期――」（笠原一男編著『近世往生伝の世界』、教育社、一九七八年）一七三～一七四頁。

(13)　拙稿「近世の念仏聖関通の福祉思想」（桑原洋子教授古希記念論集編集委員編『社会福祉の思想と制度・方法――桑原洋子先生古希記念論集――』、永田文昌堂、二〇〇二年）参照。

(14)　たとえば法道の「御垂誡」（『大日比三師講説集』上巻、大日比西円寺、一九一〇年）のなかに「已《やむ》ことを得ずして為す殺生なれば、なるだけ残忍なる殺生は禁ずべき事なり、彼大敷網、撒《トウ》網、夜漁《ヨブレ》の類、（夜分、魚の寝たるを撈て取を、方言にこれを夜ぶれといふ）、又は鳥銃猟等は、皆すまじき残忍なる殺生なり、世教にすら残忍の殺生を誡めて、釣而不レ網、弋不レ射レ宿といへり、況や出世無上の大教を信受せる念仏の行者に於てをや」（八頁）と残忍な殺生を厳しく戒めています。

(15)　たとえば、綿野得定「仏教と児童福祉」（佛教大学仏教社会事業研究所発行『佛教福祉』六号、一九七九年）、児玉識「長州のばあい――大津郡大日比、通両浦と浄土宗――」（『歴史公論』iii・

近世の仏教、雄山閣出版、一九八五年)、阿川文正「大日比西円寺と大日比三師について」(阿川文正編『大日比西円寺資料集成〈往生伝之部〉』、一九八一年)、丸山博正「大日比三師と徳本行者の教化について」(戸松啓真編『徳本行者全集』第六巻研究編、山喜房佛書林、一九八〇年二月)など。筆者も拙著『近世念仏者集団の行動と思想——浄土宗の場合——』(評論社、一九八〇年)ほかでふれています。

(16) 田中俊孝編『雲介子関通全集』第二巻、二〇七~二八一頁。

(17) 『白隠和尚全集』第六巻、二三九~二四二頁。

(18) 恵頓「貞極大徳伝」(『浄土宗全書』十八巻所収、一七七八年三月)、角田俊徹編『四休庵貞極全集』全三巻参照。

(19) 前註(18)『四休庵貞極全集』(以下『貞極全集』と略す)中巻所収。

(20) 前註(18)『貞極全集』中巻所収。

(21) 前註(18)『貞極全集』中巻所収。

(22) 『感光章』(『貞極全集』中巻、一一九五頁)。また施行について、「経文を拝見し奉るたびごとに落涙におよべども、更に修せらるべき事にあらず」(同上、一一九六頁)とも記しています。

(23) 同上書、一一九六頁。

(24) 同上書、一一九六頁。

(25) 同上書、一一九五頁。

(26) 同上書、一一九七頁。

（27）『念仏往生授幼鈔』（同上書、一二四〇頁）。
（28）『浄土廻向要決』巻上（同上書、一二九六頁）。
（29）いずれも『貞極全集』中巻所載。なお、貞極の亡者回向の論理については伊藤唯真「近世仏教における救済とその論理」（日本宗教史研究会編『救済とその論理』、法藏館、一九七四年）および拙著『近世念仏者集団の行動と思想――浄土宗の場合――』（評論社、一九八〇年）を参照されたい。
（30）『浄土廻向要決』巻下（『貞極全集』中巻、一三二七頁）。
（31）『感光章』（同上、一一九七頁）。
（32）『感光章』（同上、一一九七頁）。
（33）『感光章』（同上、一一九七頁）。
（34）第三十三願「触光柔輭の願」とは、「たとい、われ仏となるをえんとき、十方の無量・不可思議の諸仏世界の衆生の類、わが光明を蒙りて、その身に触れなば、心身柔輭にして、人・天に超過せん。もし、しからずんば、正覚を取らじ」（『無量寿経』巻上）というものです。
（35）この「善心」について、浄土門の立場から貞極は次のようにも述べています。「今云ふ所の善心は、浄土易行、仏願の大悲を信ずる善心なり、他力を念ずる善心なり。この国を厭ひ離るる善心なり。（中略）此の善心をもて、南無阿弥陀仏と申せば、南無の二字には回向を具したり。阿弥陀の三字は衆徳の根源なり、いかが万徳を三字に具したるなれば、夫助け給へと思ひ、南無阿弥陀仏と申して、自他共に往生せんと、惜む心なく法界へ施さば、布施波羅蜜なり、自他共に仏とならんために往生を急ぐは、受持教戒にして、即ち尸羅波羅蜜なり、生死の習ひ憎かるべきと、愛すべきとのある道理なるに、自他怨親平等に、助け給へと思ふは、忍辱波羅蜜なり、自他速得成仏のために、他方上位の菩薩猶ほ往生し給ふ。况んや我等をやと思はば、精進波羅蜜なり。此の心乱れず、名号又分散せざるは、禅波羅蜜なり、此の法無上と知り、浄土徳ありと知り、穢悪国土に住むべからずと思ふは、般若波羅蜜なり」（『感光章』、『貞極全集』中巻、一二一四～一二一五頁）。ことに六度との関係で説かれているのが見逃せません。

(36) 『感光章』（『貞極全集』中巻、一一九八頁）。

(37) 同上書、一一九八頁。

(38) 同上書、一一九九頁。

(39) 大橋俊雄『法然上人全集』第一巻（春秋社、一九八九年）一〇一～一〇二頁。

(40) 同上書、七八頁。『選択集』（同上全集第二巻所収、一九五頁）にも同様の文あり。

(41) 『宝林鈔』（『貞極全集』中巻、七五八頁）、『拾玉鈔』（同上書、八四五頁）にもほぼ同様の文がみえます。

(42) 高橋弘次「『徹選択本願念仏集』解題」（浄土宗聖典編集委員会編『浄土宗聖典』第三巻、三六二頁）。

(43) 同上「徹選択集の思想」（浄土宗教学院研究所『仏教文化研究』三〇号、七四頁）など。なお古いところでは、明治の学僧・原青民の『青民遺書』に「徹選択の福音」（四五～五四頁）が収められているのが注意されます。

(44) 前掲『浄土宗聖典』第三巻、三一〇頁。
(45) 同上書、三一〇～三一一頁。
(46) 前掲『貞極大徳伝』一九七頁。
(47) 同上書、一九七～一九八頁。
(48) 同上書、一九八頁。
(49) 前掲註(43)「徹選択集の思想」参照。
(50) 「大原談義聞書鈔講説」巻上（前掲『大日比三師講説集』中巻、九九頁）。
(51) 同上書、九九頁。
(52) 同上書、一〇〇頁。
(53) 同上書、一一七頁。
(54) 同上書、二七頁。
(55) 「迎接曼荼羅講説」巻一（前掲『大日比三師講説集』上巻、四〇七頁）。
(56) 前掲『大日比三師講説集』上巻、九六四頁。
(57) 同上書、九六四頁。
(58) 同上書、九六五頁。
(59) 同上書、九六五頁。
(60) 杜多円暢編『法洲和尚行業記』下（西円寺蔵版、一八八一年）十丁オ。
(61) 同上書、十一丁ウ。

(62) 前掲『大日比三師講説集』中巻所収。
(63) 同上書、八七七頁。
(64) 同上書、八七九頁。
(65) 同上書、八七九頁。
(66) 同上書、八八一頁。
(67) 同上書、八八一頁。
(68) 同上書、八八三頁。
(69) この姿形の平等一相に関しては、近代に至って椎尾弁匡が、浄土宗の社会事業の理念を弥陀の四十八願に求めた論文「浄土宗義と社会事業」(『浄土宗社会事業年報』浄土宗務所社会課、一九三四年)において、第三「悉皆金色の願」、第四「無有好醜の願」を取り上げ言及しています。法洲の着眼に啓発されます。
(70) 前掲『大日比三師講説集』中巻、八八三頁。
(71) 同上書、八八三頁。
(72) 同上書、八八三頁。
(73) 同上書、八八四頁。
(74) 同上書、八八四頁。
(75) 同上書、八八四頁。
(76) 同上書、八八五頁。

(77) 神居文彰・田宮仁・長谷川匡俊・藤腹明子『臨終行儀——日本的ターミナル・ケアの原点』（渓水社、一九九三年十一月）。

(78) 池見澄隆が石上善應編著『仏教の歩んだ道Ⅱ』（『日本人の仏教』六、東京書籍、一九八三年十月）第四章〜第六章の中で古代から近世に至る臨終行儀の史的展開を概観しているほか、神居文彰「近世における看取りの展開——指標となる資料」（『仏教論叢』三六）などがありますが、近世に関する個別研究の蓄積は途上にあるといえます。

(79) 『徳川禁令考』前集第五、一二三頁。

(80) 同上書、七九頁。

(81) 同上書、七九頁。

(82) 安楽庵策伝・鈴木棠三訳『醒睡笑』（平凡社、東洋文庫三一、一九六四年十一月）。

(83) 神谷養勇軒『新著聞集』（『日本随筆大成』第二期5、吉川弘文館）四二四頁。

(84) 同上書、四二八頁。

(85) 滝沢馬琴『兎園小説』（『日本随筆大成』第二期1）二一〇頁。

(86) 拙著『近世浄土宗の信仰と教化』（渓水社、一九八八年二月）三八二頁。

(87) 前掲(77)参照。

(88) 前掲(78)の池見論文参照。

(89) 仏教大学図書館蔵『臨終節要』一巻一冊、一七九六年、和泉屋新八刊、緑山蔵版。

(90) 拙著『近世念仏者集団の行動と思想——浄土宗の場合』（評論社、一九八〇年八月）八九頁。

(91) 浄土宗総本山書籍発売所刊『正・続蓮門住持訓』続、八丁オ。
(92) 関通『随聞往生記』(笠原一男編『近世往生伝集成』二、山川出版社、一九七七〜八九年)一三四〜一三五頁。
(93)「向誉上人行実」および「向誉上人行状法説聞書」(『雲介子関通全集』第五巻)二四頁、三〇九頁。
(94) 同上書、三〇八頁。
(95)「関通和尚行業記」巻中(『浄土宗全書』一八)二四七頁。
(96) 関通『随聞往生記』(前掲『近世往生伝集成』二)一四三〜一四四頁。
(97) このうち『臨終節要集録』一巻は『雲介子関通全集』第四巻に収められています。
(98) 阿川文正編『大日比西円寺資料集成〈往生伝之部〉』(一九八一年三月、山喜房仏書林)に集録されている往生伝がそれにあたるでしょう。なお、法洲には『臨終用心講説』一巻がありますが、同書は関通の『臨終用心』十八カ条に若干の部分的加筆がみられるほかほとんど変わりありません。註(90)の拙著で紹介しています。
(99) 信阿『浄業策進』、一八一八年九月、古知谷蔵版、一丁オ〜二丁ウ。
(100) たとえば山折哲雄は、その著『臨死の思想』(人文書院、一九九一年五月)の中で二十五三昧会をとりあげ、念仏の同志による「臨終行儀」の今日的な意義につき言及しています。
(101)「加州勧誡聞書」(『徳本行者全集』四巻)一九三〜一九四頁。
(102) 同上書、一九三〜一九四頁。

(103) 同上書、一九三〜一九四頁。
(104) 「徳本行者説法聴書」上（『徳本行者全集』四巻）一一七頁。
(105) 「徳本上人言葉の末」（『徳本行者全集』四巻）四三四頁。
(106) 『近世念仏往生伝』三編之三（大橋俊雄編『専念寺隆圓上人集』）二八二〜二八六頁。
(107) 『三河往生験記』上（前掲『近世往生伝集成』一）三五九〜三六〇頁。
(108) 同上書、三七二〜三七五頁。

近代篇

はじめに

わが国における社会事業の成立は一九二〇年前後（大正中期）とみるのが一般的です。戦前期を代表する社会事業史家の谷山恵林《たにやまえりん》は、大正期を日本の社会事業史上に特筆されるべき時代だとしながらも、この際に「宗教団体乃至宗教家等によって成された業績は概して余り冴《さ》えたものではなく、基督教徒の活動も救世軍及び労働運動方面を別にしてそれ程著しくなく、神道も明治時代に比すれば幾分この方面に関心を持つようにはなったが、未だ微々たるものであった」（谷山「仏教社会事業史〈下〉」、仏教年鑑社『仏教大学講座』一九三三年、二六～二七頁）としています。しかし、これに続けて「これ等に比すれば仏教徒の活動は益々積極的となり、日本仏教史全体を通じて社会事業に最も力を用いたのが大正時代であるとされる迄になった」（同上）と記し、大正期における仏教社会事業の興起に注目しています。

したがって、本篇で扱ういくつかのテーマもこの時期に議論されたことが中心となりますが、これに加えて、近世仏教と近代仏教とをつなぐ維新期仏教界を代表する念仏者の福《ふく》田《だ》行誡《ぎょうかい》の仏教福祉思想に学びたいと思います。なお、先にふれた仏教社会事業の勃興に関してですが、同じ論文で谷山はその勃興の要因について、次のような興味深いコメントを残しています。

「一面確かに社会情勢の必要にも因ったが、しかし当時の寺僧等が自己の宗教的確信を求めて、之を得ず、しかも寺院を経営すべき衝《しょう》に当るが故に止むを得ず相次いで血路を社会的活動に求めたにも因った」と。宗教的自覚に至らぬ寺僧の、止むを得ざる社会的責務の方に着目している点、実に冷静な観察というべきでしょう。そしてそのまま、現代仏教への警鐘とも受け止めたいものです。

1　八宗の泰斗　福田行誠

（1）「報恩」の思想

福田《ふくだ》行誠《ぎょうかい》（一八〇六〜八八）は、明治維新期の仏教界を代表する人物で、「八宗の泰斗」と称された高僧です。廃仏毀釈の激しい嵐の中にあって、内省的持戒主義の立場から僧侶の弊風一新をかかげ、仏教の復興に努めました。行誡は「自ら通仏教は葛城の慈雲《じうん》尊者を師とし、宗部に於ては四休庵貞極《ていごく》上人を師とす（1）」と述べていたといわれますが、ほかに『徳本《とくほん》行者伝』や『慧澄《えちょう》和上略伝』を執筆しているところからみて、捨世派の徳本、天台安楽律の慧澄らの影響も少なくなかったにちがいありません。晩年、推されて知恩院七十六世を継ぎ、浄土宗管長に就任していますが、内に秘めた僧風の上からは「捨世・持律僧」の系譜に位置するとみていいでしょう。

さて行誡の福祉的実践についてですが、彼は当代民衆の生活の貧困がもたらす悪習というべき堕胎・間引・棄児の問題を仏者として直視し、同志と共に明治十二年（一八七九）六月の福田会育児院創立に尽力しました。本施設は、明治の社会施設として、東京府（後に市）養育院と並ぶ東都の双璧であり、児童養護施設としては、キリスト教の岡山孤児院に対し仏教を代表するものでした。(2) 以下に、行誡の福祉思想を三つの観点から考えてみます。

第一は、実践の主体的契機についてです。ここでは、戒善、「仏祖大慈悲のひそみ」と報恩の三つをとりあげたいと思います。はじめに戒善に関して、次の史料によれば、

此戒（摂衆生戒《しょうしゅじょうかい》）は世にありと所有《あるところ》、いきとしいけるものを、あわれむ戒にぞ有りける、凡そ生あるものの、死をおそれざる者なければ、何《い》かにも方便して、生をまっとうし死を救うようにつとむるなり、扨《さて》こそ一切衆生の父母となり、平等一子の慈悲をもおこす、もとひとは成れるなれ、生るをころさざるのみならず、人に対して顔色をやわらげ、言葉をいつくしみ、行をつつしみうやうやしうするなど、みな前の人の心をよろこばしめ、心を安からしむ、皆此戒の心なりけり、（中略）惣じて此戒は、生あるものをくるすめこまらせ、迷惑におぼゆる事なきようすべきを心得とす、人の上ばかりさのごとくするのみにあらず、命ある者みなあわれみをかくべきと思うべきな

り、されども、是も凡夫の上は思うにもまかせず、なす事もおよばざるものなり、あわれ及んだけはとこい願ふを、此戒をうけたもつ心とす、(3)

とみえます。菩薩戒（三聚浄戒《さんじゅじょうかい》）の心を説き明かした文章の一節で、三聚浄戒のうちの「摂衆生戒」について「いきとしいけるものを、あわれむ戒」だとして慈悲の善行を勧め、人間ばかりでなく、「命ある者みなあわれみをかくべきと思うべきなり」と注意を促します。しかし、そうはいうものの、凡夫の身にとってこれを実行することは至難のわざです。そこで、「あわれ及んだけはとこい願ふ」姿勢がこの戒を受持する心だとしたのです。戒に基づく利他行が文字通り「一切衆生」に及ぶべきとのタテマエを主張しつつ、「凡夫」性の自覚といったホンネの立場をも踏まえている点が注目されます。大乗菩薩道の通途としての利他行＝戒善を勧めながらも、福祉実践者の凡夫性という法然浄土教（別途）の人間観に貫かれており、持戒堅固な行誡ですが、法然の道統を汲む者としての立場を明確にしています。

次の「仏祖大慈悲のひそみ」ともう一つの報恩に関しては、「福田会の為めに」（福田会における法話の筆録とされ、『福田会月報』に転載された）と題する、先の福田会育児院設立に因んだ一文から引いてみます。

頃者聞きし所に據《よ》れば、或る町に貧窮なる一家あり、不幸にも子供五人を残して妻なる者俄かに病死し、途方に暮れし其夫は、泣きせがむ子に遂立《おいたて》られ、百方劬労《くろう》せし甲斐もなく、其末子は乳汁の足らざるより、身体の枯痩、殆ど死せん斗《ばか》りの有様なりとか、そが困難逼迫の状は実に目も当てられず、世には斯る憫然《びんぜん》の者果して幾許あるべきや、其数を知るべからず、我党仏氏の身、不敏なりとは雖《いえど》もいかでか之を坐視傍観するに忍びんや。且一つは朝廷の仁政を万一に裨補《ひほ》せんが為又一つは仏祖大慈悲の顰《ひそみ》に倣わんが為め、往つ年より各宗有志の僧侶相協議して、此保幼育児の方法を講ず、僧者の本願固より下化衆生《げけしゆじよう》の一点に的するを以て、各々随喜歓賛して各自僅かに存する所の衣鉢の資を殺《そ》ぎ、是等貧民社会の資糧に充《あて》んとす(4)

行誡が当時の都市下層社会にみられた貧窮困乏、とりわけその皺寄せが集中する「貧児窮嬰」の現実に仏者として心を痛めていたこと。そして「我党仏氏の身、不敏なりとは雖《いえど》もいかでか之を坐視傍観するに忍びんや」と、その「保幼育児」の対策に各宗有志の僧侶が立ち上がった様子が伝えられます。もとより行誡はその先頭に立った僧侶の一人ですが、彼をこのように動かしたものは、「朝廷の仁政を万一に裨補せんが為」と「仏祖大慈悲の顰」の二つでした。前者は、時代と仏教の置かれた状況から容易に理解されましょうが、後者は、「慈悲」を掲げる仏教そのものの原点に立ち返ろうとする仏者の自覚（下化衆生）に基づくものでした。

> 仏説には常に三世《さんぜ》を説く、今日同じ世同じ時に出でしお互は、過去遠々の昔に在ては、互に父母となり、兄弟となり、夫婦となり、父子となり、隣里親戚朋友となれりしこと、幾千万回なることを知るべからず、其際吾が為め幾許の恩遇ありしやも亦知り難し、隔生即忘の凡夫の痴惑《ちわく》雲の如くに湧き、智眼霧もて掩《おお》われ、遂に一切衆生の災厄を視ること、猶お秦人が楚人の肥瘠を視るがごとく、痛痒毫《ごう》も相関せざるに至る、豈に遺憾の至りにあらずや、是れ仁人慈士の本意にあらず、宿世の善悪さまざまなるより、彼れは不幸にして今日の窮困に陥り、我は僥倖《ぎょうこう》にして衣食に事を欠《かか》ぬ身となれるも、その遠きを思いて近きを隣愍《りんびん》せざるべからず、之を衆生の恩を報ずと云う[5]。

ここでは、三世思想によりながら「報恩」が説かれています。過去・現在・未来という三世の考え方に立てば、互いに父母兄弟夫婦等の間柄にあったことがあるでしょうし、また遠い未来にあっても、そのような関係は成り立ちうることです。とするならば、現在、さいわい自分は恵まれているが、世の中にいる困窮者たちにも、遠い昔に恩を受けたことがあるかもしれないし、またいずれ逆の立場に立つかもしれません。だから決して他人事ではないのです。こうして「隣愍」の情を起し、窮民を助けることが「衆生の恩を報ず」ることになるのだと勧めています。このようにみてきますと、行誡は通仏教の立場から、僧侶に対しては「仏祖大慈悲の韡」にならって窮民救済という「下化衆生」の実践を勧め、在俗信者に対しては「衆生の恩」（社会の恩）の教えを説いて、「報恩行」として窮民の力となるよう勧めているといえそうです。なお、この「報恩」の思想と実践は後述する仏教社会事業の開花期において、主要な実践原理として改めてクローズアップされてきます。

（2）「福田」の教え——援助される側への視点

次に、福祉的行為における対等の援助関係の成立という問題を立てて考えてみます。上述のように、世々生々にわたる父母兄弟等の関係を前提とすれば、援助者と被援助者の関係も固定的ではなく、入れ替る性質のものですから、その意味では対等であることが知られます。もちろん対等の援助関係といっても、こんにちにおける被援助者の人権を前提としたものでないことはいうまでもありません。しかしここでは、現実の援助関係そのものの意義をもう一つ別の視点から捉えてみましょう。

予旧秋以来、痔疾及痢病を憂うること凡《およそ》百余日、大小便通昼夜数回、穢汁流漓臭気鼻を衝く、門人二僧あり、一を道源と名く、二を行進と名く、其坊両三輩、昼夜看護侍傍を離れず、懇切丁寧、慈父の子を視る如く、孝子の父に事《つかう》る如し、殆んど世尊の病僧を視、叡山阿闍梨の乞丐者《こつがいしゃ》を視るに相似たり、之が為めに追日大に痛患を救い、快方に趣くことをおぼう、医薬の効なきに非ずと雖《いえ》ども、亦看護の労其多きに居するなり、それ福田《ふくでん》とは、福徳の田地なり、善根の正住処《しょうじゅうしょ》なり、此善根功徳、独り出生することを能わず、病者を前境となすに由《よっ》てなり、若し病者なければ、此福田枯槁《ここう》となる、猶仏の貧困の衆生のあるが為めに檀波羅蜜を成就し玉うが如し、阿弥陀経に云く、釈迦牟尼仏、能為㆓甚難希有之事㆒、能於㆓娑婆国土五濁悪世、劫濁、見濁、煩悩濁、衆生濁、命濁中㆒、得㆓阿耨多羅三藐三菩提㆒と説くこれなり、私《ひそ》かに以為《おもえ》らく、卿等《けいら》が今日看病福田の大功徳を得る、果して予が病因に基す、猶《なお》仏の五濁を基として菩提を成就するが如し(6)。

本文は行誡の入寂前年にあたる明治二十年（一八八七）十一月「看病福田」について説いたものです。文面から、行誡が病床にあって痔疾と下痢に痛く悩まされていた折、弟子の道源《どうげん》・行進《ぎょうしん》という二僧の献身的な看護を受けることによって快方に向かったことが知られます。そして行誡は、このときのことを福田思想をもって弟子に諭すのでした。福田とは、善き行為の種子を蒔いて功徳の収穫を得る田地、あるいは幸福を生み出す田という意味からきています。仏典には二福田・三福田・四福田・七福田・八福田などが伝えられていますが、本文では『梵網経《ぼんもうきょう》』の八福田をあげ、第八の看病福田に言及しています。重要なのは行誡が、「若し病人がいなければ、この福田は枯れはててしまう。それはちょうど貧困にあえぐ人びとがいればこそ仏の布施行が成就するようなものだ」と述べているところです。福をもたらす源泉または根拠となるものが対象の側にあるとする考え方で、行じる主体（援助者）よりも受け入れる対象（被援助者）に重い意味づけが付与されていることがうかがわれます。行誡が弟子に対して、「あなた方が看病福田の大功徳を得られたのも、この私の病なくしてはありえないことなのだ」と述べ、最後に「此一節予が病を以て汝等に誇るに非《あ》らず、世人看病をなおざりにする者の為めに、且《しば》らく之を話す」と結んでいるのは行誡ならではの諭しといっていいでしょう。行誡の説く福田思想の真意は、まさに「利用者主体」を標榜する、こんにちの対人福祉サービスの理念となりうるもので、言い換えれば、福祉サービスは「福田サービス」を理想とする、と言えるのではないでしょうか。

（3）「随喜他善」の心——協同意識

次に、社会的協同意識につながる視点の提起を「随喜他善《ずいきたぜん》」（他人のする善行を見て、これに同（共）感し喜びの心を生ずること）の説示によってみとどけてみましょう。「随喜他善」と題する一文には、

第三に功徳を弁ずるとは、問う何とて他の作善を随喜すれば所得の功徳其能作《そののうさ》の者と等同とは説きたまえるや、答う大論に売買香の譬えを説て其所以《ゆえん》を示し玉えり、其文に曰く、譬えば種々の妙香を一人は売り、一人は買う、傍人は辺に在りて亦た香気を得るに、香に於ても損することなく、二主（売買主）とも失うことなきが如し、是の如く人の施を行うに、人の受くるものあり人の辺にありて随喜するあり、功徳ともに得て、二主も失せず、是の如きを名けて随喜となすと、是れ香を施物に喩え、売るものを能施の行者にたとえ、買うものを所施の乞人に譬う、傍観の者を随喜の人にたとえ、香気を得る以下を随喜の功徳、これを修する者と同等なるにたとう(7)

とみえます。全体を釈名《しゃくみょう》（言葉の意味を明らかにすること）・修相《しゅそう》（行い）・功徳の三科から説

いているうち、第三の功徳について、他人の善行に対して随喜すれば、その得るところの功徳は善行をなした者に等しい、と説く理由を問い、『大智度論《だいちどろん》』の「売買香の譬」をもって以下のように答えています。妙香を売る者と買う者、そしてその傍にいて香気を得る者の三者を見立て、売る人も買う人も失うものがなく、かつ傍にいて香気を得られるようなものだ。また、それは施者と受者、傍にいてその行為に随喜する者の三者にもあてはまるもので、「功徳ともに得て、二主も失せず、是の如きを名けて随喜となす」と説明しています。本文は嘉永三年（一八五〇）行誡四十二歳のときに書かれたもので、行誡のその後の生涯を考えるとき、おそらくこの説教は行誡の得意としたものではなかったかと推察されます。仏者として協同の輪を拡げることの必要性を痛感していたからではないでしょうか。

そもそもこの一文は伝通院貫主立誉《りつよ》玄順《げんじゅん》が貞極《ていごく》の『浄土《じょうど》廻《え》向要決《こうようけつ》』印行にあたって、行誡に命じ本書の附録として著されたものです。貞極は上述のように行誡がもっとも尊信した僧の一人で、『要決』に展開される回向論のなかには「随喜他善」の項目名はあがっているものの内容の説明はなされていません。また『四《し》休庵《きゅうあん》貞極全集』中巻所収の「浄土廻向要決附録・随喜他善義[8]」には、『行誡全集』所載の「随喜他善」にみられない次のような文章を含んでいます。実はこの点が宗義上重要なのです。すなわち、「随喜他善」の行は「雑修の失を招くのではないか」との問いを発し、「心行の障りになるならば、これを誡めるところだが、口に名号をとなえつつ、時に他人の善行に随喜することは少しも差し支えがない」といい、さらに『勅修御伝《ちょくしゅごでん》』を引き、法然《ほうねん》が禅勝房に答えていることばとして、「決定往生の信をとりて、仏の本願に乗じてんうえには、他の善根に、結縁助成せんこと、まったく雑行となるべからず、往生の助業と、なるべきなり、善導《ぜんどう》の釈の中に、すでに他の善根を随喜し、自他の善根をもて、浄土に廻向すと、判じ玉えり。この釈を以て、知るべきなりと」をあげています。そして「されば、専修一行の家といえども、随喜の法門は、須臾《しゅゆ》も離るべからざることを知るべし(9)」と結論づけているのです。行誡によれば、弥陀の本願を信ずる念仏者にとっては、「随喜他善」の行も「往生の助業」となるというものでした。

話はいささか飛躍しますが、筆者は先の阪神・淡路大震災に際し、次々と現地に駆けつけ、ボランティアとして救援活動に取り組んだ人びとのことを思い、また、さまざまな制約から実際の活動には参加できなかったものの、彼らの献身的な行為を見聞して感動歓喜した幾多の人びとがいたこと（筆者もその一人だが）に心励まされ、行誡のこの一文をかみしめて読んだものでした。私たちは、たとえ自ら率先して福祉活動に立ち上がることができなくとも、「随喜他善」の心を共有しうるならば、社会の前途は必ずしも暗くはないのではないか。そのためにも、社会協同の意識を涵養する教育のあり方が問われねばならないでしょう。これまでみてきた行誡の言説は、いうまでもなく彼自身の深い信仰と行持に裏づけられたものでした。近代の仏教史上、行誡の果たした役割は極めて大きいものがありますが、今後は仏教の福祉思想史の側からも見直しがなされるべきではないでしょうか。

2　大正期の若き指導者　長谷川良信

（1）　宗教の社会的使命

宗教と福祉実践の関係は、それぞれの役割や機能、その性格規定ともかかわり、こんにちでもしばしば問題となります。また宗教界ではとかく布教伝道と社会事業が未分化のまま混同されやすい点が見られるのも否定できません。そこで本章では、わが国社会事業の勃興期（大正中期）における若きリーダーの一人で、仏教者でもある長谷川良信《はせがわりようしん》の言説を通してこの問題を考えてみたいと思います。

長谷川には「社会事業と宗教との一面観」や「宗教に於ける教育及社会事業」等の論文があります。そこでは宗教活動の様式に教育・伝道・社会事業の三方面があって、それらの活動が旺盛であればあるほど宗教の社会的使命は遂行されるとし、これを「宗教に於ける社会性の開発という」と述べ、成立宗教の立場からすれば上記の活動は「宗教の社会的義務」といっても過言ではないとしています。(10) ところで、長谷川は前掲「社会事業と宗教との一面観(11)」において、当時、宗教の教義または教風上から、宗教と社会事業との関係を否認する見解があったことにふれ、これに一つひとつ反論を加えています。

第一は、宗教は個人を救済するのが本領だとする「個人救済説」です。これに対しては、「個人の宗教的救済を徹底させるには社会という環境の宗教化」と「その物質的生活の保障」を必要とするから、この点からも社会事業は宗教に欠くべからざるものだという。

第二は、宗教は霊の救済を目的としており、社会事業のように物質的救済を加えることは守備範囲外だとする「精神救済説」です。これに対しては、社会事業は必ずしも物質的救済のみでなく、「精神的教化乃至霊の救済」をもって究竟目的とします。また宗教は霊の救済を主眼としますが、社会が複雑になるにつけ人間の経済生活、社会生活がおびやかされるようになり、その影響は精神面にも及ぶものであるから、「霊的救済を徹底せんと欲すれば常にその物的渇望をも充たすことを忘れてはならぬ」としたのです。

第三は、「教義背反説」です。とくに宗教は天国とか極楽とか、すべて未来に理想を置くものですから、現世を浄化するというような建設的態度はその本旨に背くとし、「厭離《おんり》穢土《えど》欣求《ごんぐ》浄土《じょうど》で始めから此の世に愛想をつかして居るのに社会事業などによって現世の執着を増さしめ、更に輪廻の業因を作らしめるのは根本の教義に悖《もと》るもの」といいます。この説がもっとも有力で、一応もっともだとしつつも、長谷川は、「しかし大なる欠陥ともいうべきは理想を遠方にかかげて現実の努力に空疎なること」だとし、「現前の社会を天国や極楽に近づけしめるところの努力を忘れて居るのは大なる過失（中略）直に現世の醜悪を厭い未来の清浄を欣《よろこ》ぶならば現在の刻々より最上の努力を以て現世の醜悪を出来るだけ矯《たわ》め防ぎ神仏の冥慮に適《かな》う様にすべきである」といいます。そしてさらに「これは敢て執着を増し輪廻の因を作るというものではなく、この不断の努力がありてこそ、却って思いきりよく離れ難き輪廻の里を離るることが出来る」とし、「社会事業の如き現世を基礎とする浄仏国土成就衆生の努力が宗教の教義に背反するとの説は取るに足らぬ」と結論づけました。

ここでの議論は、いわば本質論でもあり、実は浄土教とりわけ浄土宗義と社会事業との関係を問おうとする際に避けて通れぬ内容をふくんでいます。たとえば長谷川の師渡辺海旭《わたなべかいぎょく》は、「宗教は改造なり」といったテーゼのもとに「厭穢欣浄《えんえごんじょう》」の思想に着目し、「浄土教の大破壊とは何であるか、厭離穢土の現実の否定である。浄土教の大建設とは何か、此れ、欣求浄土の光明界の大要求である(12)」と説き、椎尾弁匡《しいおべんきょう》は、浄土教は、「社会的浄土の建設」

を目ざすものであるとし、「深刻なる厭世観《えんせいかん》は一切の生存の根柢を破壊し、究竟の要求の実現を招致し、不断の進動を促す力である(13)」などと述べて、「厭世教」であることがかえって逆に現実の世界（世俗の価値）を相対化しうるから、社会的な意義をもつのだと言わんばかりであったのです。二人に共通するのは浄土教に（現世）否定の論理を見出し、それを現実社会の改善・改革のエネルギーに転化させている点ではないでしょうか。この点ここで展開される長谷川の所論に限って言えば、現実と未来を（否定を媒介すること無く）直線的に結びつける論理にとどまっている感を否めません。文脈を異にしますが、宗教が社会事業と結合する際の強みなり、独自性についても問われてしかるべきです。

第四は、寺院はもともと十方《じっぽう》檀信徒の布施によって経済的に成り立っている存在だから、その資財を社会事業に費やすべきではないとする「寺院不可為説」です。長谷川はこれを俗説としてしりぞけ、「寺院が檀信より信施を得る所以は畢竟《ひっきょう》之等（檀徒の先祖供養・修道・伝道の社会的事業など）の職能を全うする為め」（カッコ内筆者）だとし、寺院経済を活かしていくためにも社会事業を行わなければならないとしました。

次に、宗教が持続されるために必要な教団の救済的機能についてはどうか。ここでも先の教育・伝道・社会事業の三方面をあげ、さらに「教団の最高の事業は人類の社会的救済である。即ち仏国土の建設である」とし、「個人的福音としての教団の伝道以上に、社会的福音としての伝道」が求められ、「救済の主体は個人ではなくして個人の集まれる社会である[14]」と訴えています。こうした言説には、欧米宗教界における二十世紀初頭以来の「社会的宗教」「社会的福音」の思想潮流の影響があることはいうまでもないでしょうが[15]、さらに長谷川には仏教者、教団人としての止むに止まれぬ「仏教の社会化」への志念、これを担う者としての自負が脈打っています。

（2）教化と福祉の望ましい関係

ここで布教・教化と社会事業の関係につき、長谷川の「布教対社会事業私見」（一九一八・十[16]発表〈以下同〉）と題する興味深い一文を通して彼の考え方をうかがってみましょう。はじめに両者の同・異点を整理するに先立ち、布教を「宗教家又は宗教信奉者が信者又は未信者に対して宗教的信仰を鼓吹して兼て社会的精神教化を施す作用」とし、社会事業を「国家・公共団体又は個人が社会的疾病を除去防遏し兼て社会の経済的関係精神的関係を調節する作用」と定義します。そのうえで両者の共通点については、①社会的性質、②救済的性質、③教化的性質をそれぞれそなえているとし、相違点としては、それぞれ①宗教的と社会的（政治的・経済的）、②唯信的（信仰の鼓吹を任とする）と汎信的（信仰の鼓吹を任としない）、③心霊的と経済的のごとく差異があるとします。

次いで両者の関係を検討するにあたり、長谷川は、a布教は社会事業の方便、b社会事業は布教の方便、c布教は一の社会事業、d社会事業は一の布教、e布教は社会事業にあらず、f社会事業は布教にあらず、の六つの命題を立て、a・b＝①方便説、c・d＝②即一説、e・f＝③対立説の三説に整理しました。このうち①方便説については、現代各宗の社会事業思想にみられ、「この浅薄なる思想が社会事業を誤り布教の真生命を損すること夥しい」と厳しく批判し、②即一説に対しても、方便説よりは進歩しているものの、「二者各の特色を埋没して顧みぬ失がある」と指摘しています。なお、この方便説と即一説については、今日においても布教と社会事業の関係を語るうえではばをきかせている見解です。これに対して③対立説については、両者それぞれの独尊的、第一義的価値を顕揚し、布教自己目的説、社会事業自己目的説だから、これがもっとも進んだ思想であるとし、長谷川自身はこの立場に立っています。しかしそのうえで、この点は「二者の対立的価値あるを言うまでであつて、二者の孤立を是とするものではない。二者が相並んで行わるるに於ては益々効果の大なるものがあろう」としています。

両者はそれぞれ目的を異にしますが、「孤立」してはならないというその両者の関係は、おそらく相互補完と信仰による内面的つながりを意味しているものと思われます。ここでの論議の出発点が、宗教活動の両面（双腕）として、布教と社会事業との同・異および両者の関係を問うことであったからです。その前提に立つならば、長谷川がいうように「社会事業は直に宗教的社会事業という特設の性質を帯び布教と全く背中合せの事業になる」との結論に納得させられるものがあります。当時の宗教界の実情を踏まえての傾聴すべき見解ではなかったでしょうか。

なお、政教分離、信教の自由、そして社会福祉の制度化が進む現代にあっては先の対立説を前提としつつ、いかに両者の孤立を越えられるかが新たな課題となるでしょう。

（3）仏者平生の行持

学生時代の長谷川良信は、宗教大学が発刊していた雑誌『宗教界』などにいくつかのエッセーを発表しています。大正二年（一九一三）五月の「人生と信仰」では、生命への感謝をいだきつつ、自らの生き方を道徳や仏教の世界観と対決させることによって、自らの信仰のあり方を模索しているようであり、同年七月の「人事を諦めて教に求む」では、鋭い社会批判と深い内省を通して仏教者としての強い信念を述べ、社会の変革を志向しています（いずれも『長谷川良信選集』上、所収）。次いで翌年四月の「寺院と僧侶」（掲載誌不明、『長谷川良信遺滴』所収）では、批判の刃を仏教界内部に向け、徳川体制下で惰眠をむさぼり、無味乾燥な御用仏教にとって、明治になって行われた廃仏毀釈こそは小気味よい荒療治だった、とさえ言い切っています。そして寺院に「公開の精神」を求め、僧侶に「利他度《りたど》生《しょう》」の本領に目覚めるよう促し、仏教の戒律に関しても、末節の形式に拘泥することを戒め、「現代は宜しく時勢を洞察し、時勢に順応して而も時勢を指導するの精神的僧侶を期待すべきの時」(17)だと訴えています。

学生時代のこうした長谷川の内面世界への省察と外界、とりわけ当時の旧態依然とした仏教界に向けられる厳しい批判のまなざしは、同時に自らの社会的実践(18)と分かち難く結合し、その後の長谷川社会事業の源泉となります。もとよりそこに終生の恩師と仰いだ渡辺海旭の存在と影響があることはいうまでもありません。

長谷川が宗教大学を卒業し、東京市養育院巣鴨分院に勤務してまもない大正四年六月発表の、「吾が徒の社会事業」と題する論文では、仏教者、浄土教徒たるものの社会事業はいかにあるべきかを自ら問い、満を持していたかのように、およそ次のように答えています。社会事業は「仏祖大慈悲体験の起行（実践）」（カッコ内筆者）であって、「往生と報恩」とによき縁を結ぶ機会となるもので、かつ自他共に救われる途だ。それゆえまさに「仏者平生《へいぜい》の行持」であらねばならない。また「社会事業によりて仏説を実修し往生の大果を期せん者」は、まずもって謙虚に自らを省み、いやしくも「自信（自ら信ずる心）と感恩（恩を感じる心）の心地」（カッコ内筆者）を持たずに行動するならば、それは時流に乗った経世家や似て非なる社会改良家と同じであって、「仏者の天職」とはほど遠いものだ。単なる「社会的自覚」から社会事業に赴くとする類いは、「方便的二次的社会事業」であって仏者の社会事業ではない。仏者の社会事業は「第一義底（根本義）のものならざるべからず。それ自ら絶対値ならざるべからず。是が為めには深く内底不可抜の信念、操守、熱力、光芒を要す」と述べ、「内海深甚の自覚を必須とする所以」としました。そしてさらに、浄土宗門人の立場から、宗義・宗風の上に社会事業を正しく位置づけることが当面の緊急事だと訴え、「念仏的社会事業の上に大光明を見ずんばあるべからず。これが吾が徒が斯道の上に念願する所なり」と結んでいます[19]。

以上によって明らかなように、長谷川の社会事業観は仏教者であり、かつ浄土宗門人たる内面的、信仰的自覚に基づく「平生の行持」にほかならず、いわば為さずにはおれない、必然としての社会事業であったといえるのではないでしょうか。ただし、それが浄土宗の教学の中に占める位置、宗義との整合性などについては踏み込んだ議論にまで至っていません。理論的整理は持ち越されているようです。宗義並びに念仏信仰を個人の内面の救いにとどむべきか、社会的拡がりを視野に入れるべきかは、渡辺海旭・椎尾《しいお》弁匡《べんきょう》・矢吹《やぶき》慶輝《けいき》らを含め、伝統教学への挑戦という意味でも興味は尽きませんが、ひとまず筆を先に進めましょう。

（4）　社会の恩に対する報答の行

先に、「内面的・信仰的自覚」が社会事業を促すというような意味のことを述べましたが、ではその自覚の内容、つまりいかなる思想・信仰が実践の主体的契機となるのでしょうか。ここで、福田行誡もふれ、長谷川良信も重視した仏教の報恩の思想について、少しく検討を加えてみたいと思います。

仏教の「報恩」の概念をめぐっては、過去においても、当代（明治・大正期）社会にあっても必ずしも正当かつポジティブに受け止められていたわけではなく、本来の趣旨が誤解されたり、曲解されていたのです。ここでは報恩の思想をもっとも積極的に説いたひとり、渡辺海旭の論考「獣の解決より人の解決へ[20]」に注目したいと思います。はじめに、報恩主義に対する従来の不当な扱いないし解釈について、①封建的・片務的な奴隷主義の報恩、②発動的・積極的でなく浮動的・消極的な旧道徳、③従他的物質主義で著しく報酬を求める利己説、の三つをあげた後、それぞれ次のように反論しています。

①については、報恩主義は経済的にいえば徹底した「共済の原理の発揮」であり、社会的には「共存生活の痛快なる説明」であり、「人格尊重を経とし、義務の好意的遂行を緯とした「寛宏公正」の主張であって、しかもそこに深い道徳的意義を見出すことができるとします。ゆえに「報恩は父が子に対し資本家が労働者に対して向下的に存在し得るのみならず、寧ろ父は子に負い資本家は大いに労働者に感謝すべき道徳上の責任を有する」と、その相互性に言及しています。

②については、われわれは「積極的に他の権利を認めて其功労の上に要求せられざる義務を行う」、つまりギブ・アンド・テイクではない無償性を示唆し、これほど積極的な発

動主義はないとします。加えて、「他の権利の好意的容認は自己の権利の伸長の上に強大の根底があるから生ずるのを忘れてはならぬ」と注意を促し、「自利利他」の途を求めています。

③については、報恩主義は自ら報酬を要求するというよりも他のために報酬を捧げる立場をとり、「普通の契約や義務の交換的関係を超越した利他奉公の美しい情意の発現」であると利他主義を強調しました。以上の反論は、いずれも仏教思想を教団の伝統的な教理・教学から解き放ち、近代的な人格概念、平等原理、人権、権利・義務関係、社会連帯などの思想に照らして再解釈し、そこから当代の社会問題（ここでは労働問題）の解決に肉迫しようとする海旭にして、はじめて可能であったといえるでしょう。海旭のこの論考は、彼が主宰する浄土宗労働共済会の機関紙『労働共済』六巻一号（一九二〇年一月）の巻頭を飾ったもので、階級闘争が激化した当時における労働問題解決の原理を、それまでの労資協調を旨とする「協調会」の協調主義にではなく、報恩主義に基礎づけられた「新協調主義」により解決に向かうべきだとするものです。たとえば、「先ず資本家の労働階級に対する報恩の実行から始めたい。正当なる権利と其人格の尊重を叫びたい」と封建的報恩主義を逆転させ、労働者の権利と人格の尊重を強調しているほどです。なお詳しくは別稿を

参照してください[21]。

では次に、福祉実践の主体的契機となる報恩の思想についてみてみましょう。長谷川良信の創立にかかるマハヤナ学園の創立趣意書には、「マハヤナ学園は上、広大の仏恩、海岳の皇恩を涓滴《けんてき》に奉答せむとして開設する所仏陀大乗の精神に依遵し、法界荘厳の理想により、正義に由る仁愛（正道大慈悲《しょうどうだいじひ》）に、社会的奉仕（衆生恩報答《しゅじょうおんほうとう》）とを本領となし[22]」と記され、正義による仁愛を「正道大慈悲」に、社会的奉仕を「衆生恩報答」にそれぞれ充てています。言い換えれば、学園の創設とその事業は、仏教の大慈悲と、衆生恩すなわち社会の恩に対する報答の具現化だということになるでしょう。このうち報恩について長谷川は、「社会的精神の勃興を促す」（一九一七・十二）という論文において、「社会的精神と申すは共同の公共心自治心――要するに感恩愛人の精神である。仏教は教えて衆生恩を説くこと最も痛切であるが、現代に此仏教精神を拝興したいと思う。人間は厳密なる意味に於て孤《ひと》り立ちの出来ぬものである。社会公衆の御陰によって此の生を営み而してまた社会に貢献するの特権を持って居る。即ち報恩は人間の全生活であらねばならぬ[23]」とも述べています。

社会事業のベースにある社会的精神や公共心を仏教の「衆生恩」の思想に求め、社会の恩に対する報答の行として社会事業を捉える長谷川の考え方には、恩師の渡辺海旭や矢吹慶輝の思想を受け継ぐものがあります。ただ長谷川の場合、こうした仏教の報恩思想が単なる理論的帰結、机上の論理からくるものでないことはいうまでもありません。仏者たるものとしての厳しい社会的実践、結核による死との対決を通しての宗教体験などから、彼自身の内部で血肉化された思想であったということです。前後しますが、東京市養育院巣鴨分院に勤務し、苦闘していた頃に書かれた「社会事業の観念」（一九一五・八）には次のような文章がみえます。

> 我々社会事業の徒は世の慈善家救済家の様に被慈善者被救済者という者を新立して見ない。彼が労働者なら吾も労働者、彼が穢多なら吾も穢多、彼が孤児なら吾も孤児である。我々は受身という一部人衆に拘泥せぬ。社会は重重の帝網《ていもう》相即相入の網の目である。能所共済《のうしょきょうさい》二利具足でなければならぬ。
>
> 　慈善や救済は尊い。然し之を現実の事業に徴する時に、我々は我々の描き共済的努力を慈善と称し救済と標榜するのを心苦しく思う。唯《ひと》り社会事業の語は切実に衆生報恩、共済互恵の精神を詮《あか》すかに思うのである。[24]

長谷川の社会事業は能所――主体と客体、救済するものも、されるものもあくまで対等かつ平等であるとし、一方的な「救済」や「慈善」ではなく「共済」を基調としていました。しかもその根拠を「衆生報恩」においていたことが知られます。こうして「救済は相救済互でなければならない。即ちフォアヒム（彼のために）ではなく、トギャザー・ウィズ・ヒム（彼と共に）でなければならない[25]」との達意的見解が述べられるに至るのです。この長谷川の思想は仏教の縁起観に基礎づけられてのものですが、当時の社会事業を支えた「社会連帯」の理念に通じるものでありました。

3　社会派僧による浄土教の再解釈

（1）　渡辺海旭の浄土教改造論

法然の思想（あるいは宗義）を、時代と社会を踏まえながら、社会事業なり社会的活動に引き寄せて再解釈が試みられたはじめは、概ね大正・昭和初期の頃とみなされます。換言すれば、時代と社会が宗教（仏教、そして法然浄土教）にその対応を迫り来ったというべきでしょう（この辺の事情については別稿で述べたことがある）[26]。この時期は日本社会事業の成立期にあたり、浄土宗にあっても社会事業が理論的にも実践的にも飛躍を遂げたときで、渡《わた》辺海旭《なべかいぎょく》・椎尾弁匡・矢吹慶輝・長谷川良信らの、いわゆる「浄土宗社会派」[27]と称せられた人びとによって担われていたのです。

そこでここでは、渡辺・椎尾・長谷川の三人をとりあげ、彼らの社会事業や社会的活動を基礎づける思想として、法然浄土教がどのように解釈され、受け止められているものか考えてみます。

まず渡辺海旭（一八七二〜一九三三）についてです。海旭はロシア革命の影響下に、世界改造から宗教改造、寺院改造に至るまで改造の論議や運動が猛威を振るった大正九年（一九二〇）、「戦後思想及生活の指導としての法然上人の教義[28]」と題する論文を発表しました。本論文の副題には「改造問題と浄土教」とありますが、海旭はあえて「宗教の改造」にではなく、「宗教は改造なり」という宗教の本質に立ち戻って独自の浄土教改造論を展開したのでした。もとより本論は法然浄土教の福祉思想を直接問題にしているわけではありませんが、その前提ともなる浄土教と社会とのかかわりを教義上から裏づけようと試みたもので、国際派の海旭ならではの世界的視野に立った所説として注目されます。

海旭による「宗教は改造なり」といったテーゼは、その改造の機能として、既成の状態（不都合・罪悪・不合理など）に対する「大破壊」とそれを受けての「大建設」を内に含み、その改造の目的は「精神の改造」（人間の改造）と「世界の改造」にあるというもので、仏教の言葉を用いれば「浄仏国土、成就衆生」にあたり、「浄仏国土とは、世界其のものの、国家其のものの改造であり、成就衆生とは全人類の改造である[29]」といいます。しかも、これらの性質は浄土教においてもっとも徹底しているとされるのでした。

次にその改造は「精神の改造」（内面的）を第一とし、これによって「世界の改造」すなわちこの世の「浄土を建設」することができるとします。なぜなら「世界は精神の主観的発現[30]」だからです。そしてこのように改造の目的を達成するための源動力として、先の「大破壊」と「大建設」にあたる浄土教の「厭穢《えんえ》欣浄《ごんじょう》」の思想に着目しました。「浄土教の大破壊とは何であるか。厭離穢土の現実の否定である。浄土教の大建設とは何か、此れ、欣求浄土の光明界の大要求である[31]」と。また、浄土教の弥陀の本願は「改造精神の根本」であり、「其手段として念仏」があるといい、「万機《ばんき》普益《ふやく》」が浄土教の根本目的であることからすれば、「デモクラシーが法然上人の救済の根本義[32]」だとも言い切っています。そして、

協同の精神、社会性の観念がなくてはならぬ浄土教は、すべての人類に向つて暖い観念を持つものである。即ち法然上人の尊き一生は、実に此れ浄土教の社会奉仕の根本精神である。故に浄土教は如何なる事業に於ても「願くば此の功徳を以つて平等に一切に施し同じく菩提心を発して安楽国に往生せん」と、回向するのである。浄土教には、如何なる人、如何なる国に対しても、如何なる事業も遍く一切に施すのである。決して利己主義者でなく、而して其の目的は、菩提心を起して極楽浄土に往生せんと

云うこと、此の「倶会一処《くえいっしょ》」の理想の中に浄土教の社会奉仕の精神がある。(33)

と述べています。

ここからさらに海旭は、法然浄土教の「三心四修」に現代的再解釈を施し、浄土建設のための用心（「心のむけ方」）と行法（「実行の方面」）というように意味づけしています。なかでも四修の第一「恭敬修《くぎょうしゅ》」を「相互に人格を認めて行く」というように解釈し、一般的な「相互扶助」から「相互報恩」へ、さらにそこから「相互恭敬」、「相互救済」へ発展する精神を導き出しているのは今日からみても注目に値するものでしょう。

本論文にみられる海旭の言説には、一貫して浄土教の社会性、現代的有用性（改造問題の解決）が熱烈に訴えられている反面、ややもすると、観念論的であったり、次元の異なる要素を無理矢理結合させているきらいなしとはいえません。こうした傾向は、他の社会派の人々にもほぼあてはまることがらで、仏教者が宗教的立場から社会（社会問題・社会事業を含む）について語ろうとするとき陥りがちな弱点でもあります。

（2）椎尾弁匡「社会的浄土の建設」

次に椎尾弁匡《しいおべんきょう》（一八七六～一九七一）の場合をみてみましょう。椎尾が宗教の目ざすべき究極は個人的な解脱ではなく「社会的に解脱し、真の共生を全うすべきのみである」と主張して「共生運動」を展開したことはよく知られていますが、弁匡はすでに大正七年（一九一八）、「浄土教と社会」と題する論文を『宗教界』に発表して、浄土教がいかに社会的性格をもつ教えであるか訴えています（ほかに大正十五年〈一九二六〉刊『社会の宗教』がある）。

本論文については、すでに芹川博通による内容紹介があるので、[34] ここでは同氏の論考を参照しつつ若干の注意を払っておきたいと思います。弁匡は浄土教には厭世教、未来教、他力教、随信教、称名教としての性格がそなわっているとし、それらと社会との関連を論じたうえで、最後に、全体の総括をして、浄土教は「社会的浄土の建設」を目ざすものであると結論づけています。なかでも注目されるのは、浄土教の「厭世教」としての立場に、次のような独自の解釈を施している点です。

（1）深刻なる厭世観は一切の生存の根柢を破戒し、究竟の要求の実現を招致し、不断の進動を促す力である。此に於てか自己は自己の自己にあらず。家の一員たり、祖先の余蔭たり、国家の一民たり、社会の一元たり、円の中心、光の焦点のみ。家も一家の家にあらず。上下長幼の和合たり。国の一元たり、祖先の遺蹟にして、子孫の源泉たるのみ。即ち（2）自己を否定し、小我を破却して現われ来るとき、最も強き社会の一員となる。（3）厭世的罪悪観は一切の封執繋縛を断截して、真の進歩を致す所以である。浄土建設の基準である。（4）小我を破して大我、穢土を厭いて浄土、偽悪醜の社会を脱して真善美の社会に進むが、厭世の力である。されば（5）厭世教たるは真の社会的建設の第一歩たり。（後略）

浄土教の厭世教的性格は、ともすれば非社会的、非現実的な立場に立つものとして、従来しばしば批判の対象となり、ネガティブな評価が下されてきたのですが、弁匡はむしろ、「厭世教」であることがかえって逆に現実の世界（世俗の価値）を相対化しうるから、社会的な意義をもつのだというのでしょう。この点は先に海旭が「厭穢欣浄」思想のなかに「破壊と建設」の原動力を見出したのと相通じるものがありますが、弁匡はさらに個我の否定のうえに立つ社会の一員としての自己を加えています（それは「滅私奉公」への危うさと背中合わせでもあります）。いずれにしても、海旭や弁匡の浄土教理解に基づくこれらの主張のなかに、家永三郎が指摘したような日本仏教の「否定の論理」[35]が脈打っていることは興味深い事実といえるでしょう。

しばらく後のことですが、弁匡は昭和九年（一九三四）九月、浄土宗務所社会課が発行した『浄土宗社会事業年報』の巻頭を飾って「浄土宗義と社会事業」と題する論文を発表しています。法然浄土教の立場から直接に社会事業を論じた貴重な文献です。ここで弁匡は、「宗義のきまらぬ宗門の社会事業は雑然たるもの、雑行雑種の社会事業である。（中略）宗門の社会事業は宗門意識の現われでなければならない[36]」といいますが、具体的にどのようなことでしょうか。

所求《しょぐ》の浄土は報土たる極楽である。その報土極楽は四十八願によって成就する。従ってこの極楽が何処にも拝まれることが宗徒の念願でなければならない。孤児の迷い泣く処、母の夫を失って子を抱へ悩む処、貧者の借金にせめらるる処、それら総て訴うるなき者の立直り得る条件はこの四十八願によって定められなければならない。浄土教徒の営む農民道場、工業商業の国際的指導、家庭生活指導、防貧、救済等のあらゆる社会事業が皆四十八願の発露たるを考うる時、初めて浄土宗の社会事業たることが明かになる。[37]

つまり、社会事業の問題（対象）も解決の方向も実践もすべてその根拠を弥陀の四十八願に求めてこそ「浄土宗の社会事業」たりうるという捉え方に、弁匡説の独自なところがみられます。本文では、第一「無三悪趣の願」、第二「不更悪趣の願」、第三「悉皆金色の願」、第四「無有好醜の願」、第五～十「諸神通の願」、第十一「住正定聚の願」、第十二「光明無量の願」、第十三「寿命無量の願」を例にあげています。そして、「救済の中に真の如来の力を見出し、困苦のものを世話することの中に如来の慈光を見出すのである。かくてその事業を遂行する中に合掌歓喜の根本精神が指導力となって社会事業を一層発達せしめる[38]」とされ、社会事業と念仏信仰との相即的深化徹底が説かれているのは傾聴すべきではないでしょうか。

（3）宗門の枠を超えて

海旭や弁匡より一世代若い長谷川良信もまた浄土宗における社会事業の牽引者として、その実践理念を浄土教に求めました。論文「浄土宗社会事業概観[39]」の前段に展開される所論の一端を次に引用します。

由来、浄土教徒の理想は願生《がんしょう》の一事にある。而も此の願生には自から個人的願生と社会的願生との二義を内包するのであって、個人的願生は生の更新永続であり、目前の死滅的迷蒙生活を転じて生成脱落の真生を致すの故であり、これが方法としては念々自身に仏名を誦持《じゅじ》するを以て能事《のうじ》とするのである。然るに社会的願生は単なる自己一身の慰楽更生ではない。一切の同胞有縁を駆って、大悲の願船に搭じ、同生楽邦の素懐を遂げしめるにあるのである。思うに浄土念仏の教義が、大乗至極の妙教として曠古の福音たる所以は実に此の個人と共に社会そのものの救いを徹底する所にありと信ぜられるのである。(40)

長谷川は、浄土教徒の理想である「願生」（願往生）に個人的願生と社会的願生の二義が内包されているとし、「個人と共に社会そのものの救いを徹底する所(41)」に浄土念仏門の本領があるとしました。なおこの点には椎尾の説く「個人的解脱」と「社会的解脱」の二義を想起させるものがあります。そして、「ここに本願所成の根本精神たる仏陀の正道大慈悲を回顧し、これを敷衍し拡充して社会浄化の諸事業を起し、以て正義と仁愛との処世規範を現実社会の一々に適用し、以て願生剋果の必須条件たらしめようとするもの、これ即ち宗門社会事業の要諦なりと信ずるのである(42)」とあるように、本願＝仏の大慈悲に依拠する「社会浄化の諸事業」の現実社会への適用を「願生剋果」すなわち「社会的願生」成就の必須条件に格づけしようというのです。この点は、社会事業が願生のための単なる「助縁」であった時代はすでに去り、宗義上からも願生成就のために欠くべからざる条件として、「念仏正行と不可分的に行持され策励さるべきこと」[43]と位置づけされているところからも注目されます。ここでいう「念仏正行と不可分」の社会事業とは、長谷川の既述の見解と思い合わせて考えれば、それは念仏信仰に促される「平生の行持」としての社会事業を意味するものではないでしょうか。

以上、三人の法然浄土教解釈の一端を見てきましたが、そこに通底するのは、宗教を個人的・内面的な救いにとどめおくのではなく、個人と社会を不可分のものとして捉え（↓連帯協同）、彼らの社会改良の旗手としての自負心が、この世に「浄土の建設」を期すという、その事業や活動の理念と指針を自宗の教義に求めさせたのではなかったでしょうか。そしてそれが浄土教の社会性と有効性を宗門内外に強く訴えることにもなったといえましょう（もちろん、こうした方向に対する批判もまた一方にはあったのですが）。

ところで、「大乗仏教の精神」を鼓吹し、「大乗主義」者として実にはば広い社会的実践を展開した渡辺海旭をはじめ、「共生」主義の唱導者椎尾弁匡や、海旭に傾倒した門下の一人長谷川良信にしても、その事業や活動は「宗門」の枠をはるかに越えるものでありました。したがって彼らの実践を支える思想や理念もまた、内に念仏の信仰を据えながら、仏教ないし大乗仏教という広い裾野を背景に持つものであったことはいうまでもありません。ここで私は、上記の三人それぞれが中心となって創設した社会事業施設・団体の設立の趣旨に着目してみたいと思います。

海旭が明治四十四年（一九一一）に設立したわが国最初の本格的な労働者保護事業である浄土宗労働共済会の創立趣意書には、慈善事業は済世利民を主とする宗教に待つところが多大であるとし、「蓋《けだ》し、仏陀の教、慈悲救済を説き、利楽有情を教うること、広くして且大に社会上下が、相依り相重して互恵共済、斉しく報恩の責あるを示す。至れり尽せり(44)」と、仏教の慈悲、共済、報恩の思想に言及しています。

弁匡の場合はというと、「宗教改造」「寺院改造」の動きが教界を激しく揺るがしていた大正九年（一九二〇）、名古屋市内（東区）浄土宗七〇の寺院と檀信徒を糾合組織して「慈《じ》友会《ゆうかい》」を発足させています（詳細は後述）。その設立宣言には、第一に「本会は仏教の信仰に基き陋習を去り迷信を除き時代に適応せる社会事業を行う」とあって、さらに「大乗の実義を鼓吹し」とか、「成就衆生、浄仏国土を遂げんことを期す(45)」とみえるように、あえて通仏教的な表現を用いています。

最後に長谷川の場合は、上述のように、仏教界最初のセツルメント・ハウス「マハヤナ学園」を大正八年に設立しています。名づけ親は師の海旭ですが、前掲の創立趣意書（一部）からも、その名のごとく大乗仏教理念に基づく総合的社会事業が高らかにうたわれています。このようにみてきますと、三者それぞれその推進する事業にあっては、通仏教を理念的基礎においていることがわかります。

これまで述べてきたことからも察せられるように、社会派僧による福祉的実践の思想・信仰の性格には、以下の二面性を指摘できるように思われます。一つは、「仏教の通途《つうず》」（戒律の精神を含む、仏教としての共通性に基づく）として社会事業を基礎づける立場です。ことに社会派僧は、いずれも宗派的因循性に批判的でありましたが、この場合、たとえば施設・団体等を設立し、具体的な事業を展開するに際しては、広い範囲で不特定多数の人びとの協力・支援を得るためにも、宗派色を控え、通仏教的な思想・理念を前面に打ち出す方が望ましいと判断されたのではなかったでしょうか。

いま一つは、「浄土宗の別途《べつず》」（法然浄土教〈宗義〉から導き出される独自の論理、内面的な念仏信仰の発露）として社会事業を基礎づける立場です。こちらの方は多分に宗団向けの発言という性格が強いと同時に、対外的にも法然浄土教の自己主張としての側面を持ち合わせていたことでしょう。しかもこの「別途」の信仰なり信念が実践者のギリギリの社会的立場や態度を規定したというべきではないでしょうか。

私は浄土宗教師ですが、同時に仏教者であり、広い意味では宗教者でもあります。まずこのような立場の重層性を自覚することが大切です。念仏者もまた仏教者であるという前提が、宗派の相違を超えて仏教者としての連帯・協同を可能とします。日本の仏教は「宗派仏教」としての性格が強く、宗派による教義・儀礼等の違いの方が強調されがちです。個の内面における信仰の純化それ自体は尊いものですが、仏教者や寺院が対社会的に行動しようとする場合には、宗派の壁を低くし、大乗仏教の実践者として幅広く協働していくことが肝要です。たとえば、コミュニティーの形成に寺院・僧侶が貢献しようとすれば、この姿勢は欠かせません。教義上からも改めて「仏教の通途」と「宗派の別途」の間を埋める努力が求められるところです。

註

（1）望月信道編『行誡上人全集』（大東出版社、一九七七年六月、改訂発行）八六〇頁。

（2）吉田久一『改訂増補版　日本近代仏教社会史研究』上（『吉田久一著作集』六、川島書店、一九九一年十一月）一六〇頁。本書には福田会育児院の草創期から明治二十年代に及ぶ動向が記されています。なお同育児院の研究は、現在、宇都栄子（専修大学）らのグループによって精力的に進められています。
（3）前掲『行誡上人全集』一八六～一八七頁（「いり日の光」一八五六年）。
（4）同上書、五〇八頁。
（5）同上書、五一〇頁。
（6）同上書、三二一頁。
（7）同上書、二四五～二四六頁。
（8）角田俊徹編『四休庵貞極全集』中巻（西極楽寺発行、一九三一年四月）一三二九～一三三三頁。
（9）同上書、一三三二頁。
（10）『長谷川良信選集』下（刊行会発行、一九七三年三月）五〇八頁。
（11）同上書、五〇六～五一一頁。
（12）拙稿「近世・近代浄土宗における仏教福祉思想の系譜」（『大正大学研究論叢』五号、一九九七年三月）所引。
（13）同上書、所引。
（14）『長谷川良信選集』上（刊行会発行、一九七二年七月）、五四〇頁。
（15）芹川博通『社会的仏教の研究――矢吹慶輝とその周辺』（文化書院、一九八八年六月）五四～六三頁参照。

(16)『長谷川良信選集』上(刊行会発行、一九七二年七月)、一一六〜一一九頁。

(17)長谷川よし子編『長谷川良信遺滴』(大乗淑徳学園事務局、一九六七年六月)四五頁。

(18)学生時代の長谷川の社会事業活動(たとえば一九一二年の〝米騒動〟時における米の廉売などの貧民救済活動)や社会事業施設の徹底した視察(一九一四年七月から八月にかけての中部・関西方面の約百施設)などがあげられるでしょう。詳しくは拙著『トウギャザー ウィズ ヒム——長谷川良信の生涯』(新人物往来社、一九九二年十一月)参照。

(19)『長谷川良信選集』上(刊行会発行、一九七二年七月)、二六三〜二六四頁。

(20)『労働共済』六巻一号所収、一九二〇年一月。

(21)拙稿「大正期における渡辺海旭の労働者保護思想」(圭室文雄編『日本人の宗教と庶民信仰』吉川弘文館、二〇〇六年四月)。

(22)マハヤナ学園六五年史編集委員会編『社会福祉法人マハヤナ学園六五年史・資料編』(同学園発行、一九八四年三月)八頁。

(23)『長谷川良信選集』上、一五九頁。

(24)同上書、一七頁。

(25)同上書、八七頁。

(26)拙稿「大正期の「寺院改造」運動における慈友会の社会事業」(仏教大学仏教社会事業研究所『仏教福祉』一五号、一九八九年三月)参照。「社会的宗教」に関しては、前掲註(15)『社会的仏教の研究――矢吹慶輝とその周辺』（文化書院、一九八八年六月）を参照。

(27) 藤吉慈海「浄土宗社会派の人びと」（『宗教研究』二三八号、一九七八年）、同『現代の浄土教』（大東出版社、一九八五年七月）参照。

(28) 壺月全集刊行会編『壺月全集』下巻、一九七七年七月、改訂発行、五九～七九頁。

(29) 同上書、六六頁。

(30) 同上書、六七頁。

(31) 同上書、六二頁。

(32) 同上書、七〇頁。

(33) 同上書、七二頁。

(34) 前掲註(15)『社会的仏教の研究――矢吹慶輝とその周辺』二三一～二五九頁を参考にさせていただいた。

(35) 家永三郎『日本思想史に於ける否定の論理の発達』（新泉社、一九六九年）参照。

(36)『浄土宗社会事業年報』二頁。

(37) 同上書、二頁。

(38) 同上書、一二頁。

(39) 同上書所収。

(40) 同上書、二三～二四頁。

(41) 同上書、二四頁。

(42) 同上書、二四頁。
(43) 同上書、二五頁。
(44) 『浄土教報』明治四十四年四月三日号。
(45) 前掲註(26)拙稿参照。

近代の「寺院社会事業」篇

はじめに

寺院が社会事業の実践主体となり、地域の社会改良や福祉増進のために経営する諸事業を指して「寺院社会事業」と呼ぶことにします。ただし、ここで扱う「寺院社会事業」の内実は、そうした一般的呼称の範囲にとどまるものではなく、寺院と社会事業を結合する思想と論理を前提として、それだけ組織的・運動的・啓蒙的な性格を有し、かつ一定の歴史的意味をあわせ持つものです。そしてその意味において近代仏教の一つの社会的な発現形態を示すものでもありました。

そこで、はじめにこのような寺院社会事業の成立を促した契機とそれを支える教団の組織的対応について若干ふれておきましょう。まず成立の契機に関してですが、ここではさしあたり、①廃仏毀釈以降の仏教復興運動ともいうべき動向とそこにみられる慈善事業の伝統、②大正中期に沸騰する社会問題（社会事業対象の質的変化と量的増大）の圧力と行政（国・地方）を含む教団内外における社会事業主体としての寺院仏教への期待と利用策、③

表1　各宗派における社会事業への組織的な対応

宗派	統制・保護・連絡組織	行政組織の開設	管長告諭など	調査など
天台宗		大正12年4月 社会課	大正6年9月 管長が社会事業につき訓諭	大正12年1月 社会事業調査
真言宗（古義）	大正15年10月 社会事業協会		大正3年4月 慈善事業奨励規則 大正6年9月 管長が社会事業につき訓諭	
真言宗（智山）	昭和2年6月 社会事業連盟 昭和3年12月 社会事業協会		昭和3年6月 社会事業奨励協定	大正14年10月 社会事業調査
真言宗（豊山）	昭和3年4月 社会事業協会		大正6年9月 管長が社会事業につき訓諭 大正14年2月 社会公共事業奨励規則	大正15年12月 社会事業調査
浄土宗	大正3年9月 財団浄土宗報恩明照会	大正10年2月 社会課	明治44年8月 管長が社会事業につき教令を発する	明治45年1月 救済事業施設調査
東本願寺	明治44年4月 大谷派慈善協会	大正11年4月 社会課		大正5年6月 社会事業施設調査
西本願寺	明治34年9月 大日本仏教慈善会財団	大正11年4月 社会課	大正12年3月 管長が社会事業につき垂示	大正12年7月 社会事業調査
臨済宗（妙心寺派）		昭和14年6月 社会課		昭和10年4月 社会事業大会 昭和13年5月 社会事業調査
曹洞宗		大正11年11月 社会課		大正5年5月 社会慈善事業施設調査
日蓮宗	大正14年7月 立正社会事業協会	大正15年4月 社会課	大正6年8月 社会事業奨励の論達	大正6年7月 社会事業施設調査

＊未調査の部分もあるが、各項初出のものを掲げたつもりである。

第一次大戦末期のロシア革命の影響によってもたらされた思想的外圧としての改造運動（宗教改造・寺院改造）の波及と教団・寺院・僧侶の覚醒、の三点をあげておくにとどめます(1)。

教団の組織的対応については、①社会事業所管の行政機構の整備、②社会事業の統制・保護・連絡・調整組織の成立、③社会事業に対する教団トップの姿勢、④教団内社会事業の現状認識（実態把握）のための調査、の四点を指標とし、**表1**を作成してみました。若干の例外はみられるものの、概ね大正期を中心に明治末から昭和初頭にかけて組織的対応がなされていたことが知られるでしょう。もとより社会事業に取り組むスタンスに教団間で温度差があることや、事業の実施状況に差異があることはいうまでもありませんが、この時期、総じて仏教界は社会事業を喫緊の課題として受け止めていたのです。以下本篇では、第一に大正・昭和戦前期の寺院社会事業について論じ、第二に「寺院改造」運動と名古屋の慈友会の社会事業を、最後に長谷川良信の寺院社会事業論について考えてみたいと思います。

1　大正・昭和戦前期の盛況

（1）時期区分

寺院社会事業の展開を、その性格や質の変化に即してみていきますと、おおよそ以下の四期に区分できるのではないかと考えます。

第一期は大正七年（一九一八）から同十二年頃までで、その指標は始期を大正七年七月に勃発した米騒動に、終期を大正十二年九月の関東大震災においています。この間大正九年三月に始まる戦後資本主義恐慌・農業恐慌もあって、社会問題は深刻の度を極め、わが国の社会事業を成立せしめるに至りました。一方、大正八年二月には床次内相の地方長官に対する訓令を受けての「民力涵養運動」が始まり、さらに上述の「寺院改造運動」（次章でやや詳しく言及します）も活発化して本期に「寺院開放」の動きは急速に高まっていきました。大正十年十一月の第六回全国社会事業大会では、「寺院の社会中心運動の組織及其奨励方法如何」などがとりあげられています。(2)そのほか、この頃の寺院開放の動向を伝えるものとして、『日本社会事業年鑑』大正十一年版には、「寺院教会堂神社の開放」と題する次のような記事が掲載されています。

宗教家及び神職の社会的方面の事業として、本年著しく目に着いたのは、神社仏閣会堂を中心とする社会的施設である。けれども此の中主たるものは寺院の開放であって、神社や、基督教会堂の開放は、余り問題とはなっていない。（中略）しかも此の寺院の開放は、僧侶の自覚的発動に基くものと云うよりは、寧ろ外部の刺戟に因るものが多いようである。之をたとえば政府が社会教育事業奨励の結果、寺院の利用を思い着いて、之を促したことは、明白な事実である。(3)

ここでは、宗教施設の開放の実質が寺院を主としており、その寺院開放の要因が他律的な「政府の社会教育事業奨励の結果」と認識され、続く文章で、さらに寺院が（狭義の）社会事業というよりも、社会教育、社会教化のための事業に利用されるよう求められていることが知られます。同記事によれば、この開放に先鞭を付けたのは大阪市であって、すでに大正八年五月以来市長主催の下に仏教、キリスト教、神道それぞれに代表者会や委員会が開かれ、市民教化の方策も検討されるようになり、仏教側では大阪仏教各宗連合会を組織してときどき講演会が催されたといいます。かくして大正十年に入り、先の「寺院・教会堂・神社の開放」を決議するに至ったのです。よって私は本期をもって、第一期寺院開放（運動）と位置づけることにします。寺院社会事業はその有力な一形態として登場するわけです。

第二期は大正十二年（一九二三）から昭和四年（一九二九）頃までで、その指標はさしあたり始期を関東大震災に、終期を昭和四年四月の救護法の成立（実施は同七年一月）においていますが、前期以来の恐慌に昭和二年の金融恐慌、さらに昭和四年十月アメリカに始まった世界大恐慌がわが国へと波及し、同五年以降は農村部をも激しく巻き込んでいきました。本期は経済保護事業と並んで隣保事業の量的増大が顕著であって（内務省社会部『本邦社会事業概要』昭和八年、四頁）、その中には大震災以降に創設もしくは増設された寺院を基礎とする隣保事業も少なくなかったものと思われます。

第三期は昭和五年（一九三〇）から同十二年までで、始期の指標を五年からの恐慌深刻化に、終期は日中戦争突入としました。未曾有の経済不況が襲来するなかで、政府は失業対策や職業紹介所の設置を行い、同六年九月満州事変勃発以降の準戦時体制に入ると離職者に対する職業補導や失業者の更生訓練に力を入れるようになります。また同六、七年に高まる反宗教運動の寺院仏教への影響、同七年以降の農村経済更生運動と農村寺院隣保事業の進出などが注目されましょう。たとえば、本期を特徴づける農村社会（隣保）事業の進出と寺院の役割に関していえば、昭和七年十一月の全国隣保事業協議会（中央社会事業協会主催）における各府県からの提出意見の中に、「神社、寺院を開放して農繁期託児所を開設すること」（広島県）というものがみえ、その理由として以下のような内容があげられています。

神社、寺院は我等の祖先が眠れる霊場にして之を開放して幼児の保育所に充《あ》つることは幼年時代より敬神崇祖の念を涵養し国民精神の作興を計る上よりするも有効なる施設たることを確信す。刻下稍《やや》もすれば国民思想の動揺を来《きた》し国民精神の振作を計ることと緊要重大なる時局に際し神社、寺院を開放して神職、僧侶が街頭に進出し幼児保育事業に抉掌《けつしょう》することは最も時宜に適したる施設なることを認む(4)。

「国民精神の作興」とセットにしているところに注意したいと思いますが、もっともこの時期、仏教各宗は農繁期託児所の設置を奨励し、手引書の配布、開設補助金の交付、指導者講習会を実施するなど、本事業に積極的に取り組んでおり、農村社会（隣保）事業の中核を占めていたといえます。たとえば浄土宗において、僧侶を農村指導者たらしめようとの声が高まるのもこの時期です。次に反宗教運動への仏教界の対応について、一例を浄土宗にみれば、同宗は昭和六年（一九三一）五月開催の高等講習会のメイン・テーマに社会思想や社会問題を掲げ、矢吹慶輝、長谷川良信を講師に迎えています。『浄土教報』によると、「今年の高等講習会は、全く宗内の社会思想及び、反宗教運動にたいする対策が中心問題になった観がある」（昭和六年六月六日号）と評されたほどですが、この講習会の講義内容を後日まとめた長谷川の論文「社会問題と寺院の使命」には次のようにあります。

今日の寺院生活者として先《ま》ず考えて見なければならない点は、寺院がはたして社会的に其の使命を完《まっと》うして居るか否かと云うことである。（中略）然し今日の如く、反宗教運動等が相当大きな力を勃発し寺院は社会にとっては無用の長物であり、僧侶は単に資本家の手先となって働いているに過ぎぬと迄《まで》叫ばれるに至っては、更にその考えは一層緊要事であろうと思う。（中略）然し今日の如く其の内部より反宗教運動の叫びが起《おこ》るに至っては最早我々は嵐の中に生活しているも同然であり、一時も安閑として居る時ではなく単なる反宗教運動のみならず、我々の眼前に展開されているあらゆる社会問題に直面し、一々に就《つ》き冷静なる考えを持ち、更にはこれに善処するの態度を定めて行かなければならないのである。(5)

こうした思想的外圧は、宗門や寺院生活者に対し、既成の寺檀ないし師檀の関係の世界にとどまることを許さず、資本主義社会そのものが構造的に生み出す社会問題とその解決に目を向けさせる、いわば「社会的覚醒」の重要な契機ともなったのです。そして、「一寺院一社会事業」（浄土宗）のスローガンのもと、寺院社会事業の一層の推進がはかられていった本期の動向こそ、第三期寺院開放（運動）と言いうるものでありました。

第四期は昭和十三年（一九三八）から太平洋戦争の終焉までとします。始期は日中戦争勃発後の国民精神総動員体制の強化、国家総動員法の成立（五月）と厚生省設置（一月）および社会事業法の制定（三月）を指標としています。本期は戦時厚生事業の成立期であって、戦時国家の要請による「人的資源の保護育成」とその前提としての「国民生活の安定確保」の二つからなりますが[6]、そうしたなかで「護国安民」「銃後の奉公」が仏教教団並びに寺院・僧侶に対して強く求められていくのです。昭和十五年八月刊行の川上賢叟『寺院と社会事業』では、非常時局下における寺院のあり方が次のように提起されています。

時局下に於て寺院並びに吾々仏教徒が、速かに日本仏教特有の精神である「護国安民」の主張にめざめて、銃後奉公の心構えとその実践とを固めることが切実に要請されているのに鑑み、之が実現の具体的方法として最も有効であり適切であると思わるる「寺院の社会事業化」を隣保事業を中心として述べて行き、（中略）行き詰ったと言われている寺院経営の打開策を考えてみたい。

といい、さらに、

茲《ここ》に於て吾々は、我国固有の精神である隣保《りんぽ》相扶《そうふ》の美風を益々高揚して、非常時局下に於ける国家総動員の紐帯を強靭にするため、従来の如き欧米の模倣的、観念的セツルメント事業を捨て去って、日本精神に基く隣保事業の再建に邁進すべきである。言い換れば、利己主義的、自由主義的思想に基く社会、即ち社会学者の云う利益社会《ゲゼルシャフト》関係より、其の不純物を除去して、共同社会《ゲマインシャフト》関係を復興せしめ、全体主義的、日本主義的意識をもって隣保地区の教化改善に努力することこそ、我国特有の隣保事業であり、殊に重大時局下に於ける革新社会事業の進むべき動向であり、志向であらねばならぬと思う[7]。

ここでは、寺院における「銃後奉公」の具体的方法として、社会事業なかんずく「隣保相扶」の日本精神に基づく隣保事業の再建が要請され、個の人格を基礎とするこれまでのセツルメントを「欧米の模倣的、観念的セツルメント」として否定し去り、全体主義的傾向を強めていることが知られるでしょう。大正から昭和初期に盛んとなるセツルメントが時局に絡め取られていく徴候をここにみることができます。なお、この時期の問題として、宗教団体法（昭和十五年〈一九四〇〉四月施行）並びに寺院境内地還付法の実施が寺院社会事業に与えた影響については今後検討を要します。また昭和十七年になると、大日本仏教会は厚生省・文部省の後援の下に「一寺院一社会事業」を目標として、全国七万の寺院家族婦女子および寺院附属婦人会員中から適任者を一カ所五〇名宛選び、保育全般にわたる講習会を計画しています[8]（実施の有無未確認）。

（2）　実践主体の三類型

寺院社会事業の実態面を調査していくと、その担い手には経営組織の上から三つぐらいの型のあることが知られます。第一は「単一（位）寺院型」（A型）で、特定の一寺院がその寺を基盤とし、住職の主導のもとに檀信徒および地域住民や有志の協力を得て社会事業に取り組んでいるもの。第二は「複数寺院共同経営型」（B型）で、地縁的に組織化された複数寺院がその組織力をもって社会事業を経営するもの。その際宗団が特定される場合とそうでない（不特定）場合があります。第三は「官民一致協会組織型」（C型）で、府県または市町村の主導に呼応して当該地域の寺院（仏教界）が立ち上がり、協会組織をつくって事業経営するもの。行政主導型もしくは官製型といってもいいでしょう。なお、前掲の**表1**にみられた社会事業協会は宗団内社会事業の統制・保護・連絡・調整・研修などを主たる目的としており、直接寺院社会事業を担う団体ではないので除外します。以下、それぞれについて具体的な事例をあげて紹介してみましょう。

①単一（位）寺院型（A型）

A型の典型として、大阪の光徳寺善隣館をあげてみたいと思います。同館は、大正十年（一九二一）「社会的中心としての寺院」のあり方を求めた浄土真宗本願寺派の佐伯祐正《さえきゆうしょう》の創設にかかるセツルメント・ハウス（隣保館《りんぽかん》）です。佐伯はセツルメントを「文化運動」「総合的啓蒙運動」「人格運動」「教育的事業」と捉え、年を追うごとに多彩な事業が展開されます。昭和八年（一九三三）四月本派本願寺教務局社会部発行『社会的中心としての寺院』に附録として掲載された「光徳寺善隣館事業概要」によれば、事業内容は大きく⑴宗教教育、⑵社会教育、⑶社会事業の三部から構成され、⑴では説教、講演、讃仰会（宗教的クラブ）、婦人会、女子青年会、日曜学校。⑵では図書館、読書クラブ、幼稚園、母の会、夜間裁縫部、各種講習会、音楽部、螢雪クラブ（近隣小学生の放課後の保護等）、アテネ・クラブ（中学校程度の青年子女の学術並びに社交クラブ）、花のクラブ（華道）。⑶では方面事務（方面委員の活動に資する事務）、法律身の上相談、「光」の発行（機関紙）、特殊講演（市民大学的講座）、慰安会、カンツリーハウスの利用（本館所属の刀根山カンツリーハウスで、各種の会合等に無料開放）、シュウ・ボーイ・ユニオン（失業青年の経済的援助の方法として靴磨きの職につける、無料宿泊の便）、草花配給（失業救済の一助）、といったところです。ここでは、佐伯の「社会事業は単なる救済事業ではなく、自覚運動であり教育運動でなければならない」[9]とする社会事業観が色濃く反映されており、また彼の提唱する寺院隣保事業（社会事業）の一つのモデルが示されているともみられるでしょう。実際、本派本願寺社会部発行の前掲冊子にこの事業概要が掲載されているのも「社会的中心としての寺院」のモデルを提示したものです。なおA型の事業は規模も大小さまざまで枚挙にいとまがないほどですが、とくに本山クラスの大寺院の組織的取り組みには注目すべき点も多くあります。

②複数寺院共同経営型（B型）

ここでは名古屋の慈友会と下関仏教同盟済世会の二例をあげておきます。前者は名古屋市内（東区）浄土宗寺院七〇カ寺とその檀信徒および一般有志をもって組織され、大正九年三月発足をみています。本会は時代の要請としての「寺院改造」の申し子ともいうべく、宗門内外の注目を集め、寺院の覚醒・開放の運動体として、圧倒的な影響力を有したところに意義を求めることができるでしょう。浄土宗寺院の協同組織ではありますが、通仏教的な性格が強く、その目的は「仏教信仰に基き時代に適応せる社会事業を行う」（会則第二条）ことにおいており、細目に至っては実に広範にわたる事業が列挙されています。なお、慈友会の詳細については次章でとりあげます。

下関仏教同盟済世会は、大正八年設立の下関市内の四〇カ寺（一九二八年『下関市要覧』によれば市内寺院総数七六カ寺）によって組織された社会事業団体です。以下は杉山博昭の論文(10)に依拠して同会の性格とその果たした役割を整理してみましょう。趣意書には「危険思想の由て来る原因や、或は多々あらんも、要は富の分配の不公正不平均に基ける、貧富両階級間の、嫉視反目に外ならざるべし。果して然ば是が救治の根本策は大に宗教的、道徳的信念を涵養すると共に、又盛に社会事業を興し以て両者の協調融和を籌《はか》るの外途《ほかみち》なきを信ず」とあって、富の分配の不公正が社会主義思想の台頭をもたらしているとの認識のもと、宗教の立場から階級間の調和をはかる方策として社会事業振興を掲げています。会員組織で、正会員は寺院の住職、賛助会員と特別会員は寄付金などで区別され、特別会員は功労者または多額の寄付者によるものです。他に名誉会員があり、賛助会員は発足の年は一六〇名であって、昭和十三年には二五〇名を数えるまでになっています。事業としては、精神講話、人事相談、職業紹介、幼児保育、免囚保護、実費診療、巡回看護、簡易食堂、店員慰安、その他社会問題調整上必要な事業をあげており、寺院間でそれぞれ機能分担がなされていましたが、ことに免囚保護、人事相談、幼児保育、実費診療においてそれなりの実績を残しています。同会は昭和十年代に入ると各種事業を廃止または他に移管し、事実上司法保護団体に変質していったのでした。杉山は同会が社会事業に関心を示した姿勢を仏教者の積極面として評価しつつも、社会認識の甘さや組織基盤および財政基盤の弱さ、計画に現実性が欠けていた点などの限界を指摘しています。

ちなみに、B型の変型として、免囚保護団体のような場合には、特定地域の複数寺院が共同経営する例は枚挙にいとまがありません。

③官民一致協会組織型（C型）

C型には早い時期に組織された協会として長野県仏教社会事業協会（大正十二年三月）が

あります。その後同様の県仏教社会事業協会として、佐賀県（昭和八年）、熊本県（昭和八年）、山口県（昭和九年）が相次いで設立され[11]、昭和九年十二月には千葉県仏教社会事業協会が発足をみています。ここでは千葉県の事例を紹介してみましょう（なお詳細は別稿[12]を参照してください）。

当時、千葉県下の総寺院数は三千百余カ寺といわれ、うち住職のいる寺院は二〇九〇カ寺でありました。千葉県の市町村数は三市三三五カ町村ですから、一市町村に平均九カ寺存在することになり、また住職の人数を市町村に割り当てると、一市町村当たり六人強となります。このように各市町村に六人の指導者と九カ寺の堂宇とが存在する実情よりすれば、仏教徒に対する社会的要請が高まるのももっともな話です（この発想は後述の内務官僚田子一民の説を根拠としているに違いありません）。しかも、寺院関係者の中には方面委員や一般社会事業施設従事者も相当数います。そこで県当局は、こうした人々の将来に対する意見や有力寺院の意向をきき、時勢の要務に順応したいとの考えから、昭和九年十月十九日、県教育会館を会場として、社会事業協会と共同で仏教徒社会事業（関係者）懇談会を開催しました。協議の主たる内容は、①仏教社会事業の現在および将来、②寺院における教化と社会事業、③仏教徒社会事業の連絡統制、の三つで、とくに③に関する団体設立の声は強く、県において団体規則の原案を作成することとなり、発起人会の開催を経て本協会の設立に至ったのです。なお、協会設立に舞台裏で尽力したのは千葉県初代社会事業主事の安田《やすだ》亀一《かめいち》(13)であり、発足後も実質的な指導者として腕を振るいました。

本会の設立は、日本資本主義の危機の深まりと満州事変を契機とする準戦時体制のなかで、古来日本仏教が果たしてきた抜苦与楽の大慈悲の伝統に思いをいたし、県下二千有余の寺院住職を社会事業・社会教化事業に動員しようとするものでありました。「趣意書」によれば、「寺院を隣保親和の中心道場たらしめ、更に協同の力を以て社会の教化救済に努め、非常時日本の艱難を克服し、常恒なる日本的浄土を建設するため大衆と共に懸命に菩薩道を突進せんとす」と、寺院・僧侶の社会的使命を強調し、「日本的浄土」の建設というかたちで国家目的（国策）への結集を呼びかけています。

本会の構成は、役員組織にみられるように、総裁に県知事、会長に学務部長、副会長に社会課長、常務理事二名のうち一名に社会事業主事をあてるなど、行政主導であることは歴然としています（県下一五市郡の支部組織も基本的には同じ）。発案者安田の考えによれば、官民一致の社会協同の形態を示すと同時に、運営上からもこの方が便利であるといいます。評議員として相当数の僧侶が名を列ねていたとはいえ、安田をはじめとする行政担当者

（社会課）の強い推進力に支えられていたというべきでしょう。会員は特別会員（一時金三〇円以上の醵出者）、正会員（県内寺院住職その他の僧で年額一円納入者）、賛助会員（本会の趣旨に賛同し年額五〇銭以上の醵出者）からなり、五年間で正会員二〇四七人、賛助会員六〇〇〇人、資金積立金五万円を目標として掲げています。昭和十年度には正会員一五〇〇人、賛助会員一〇〇〇人を目指し、正会員については翌年度中に県下寺院住職のほぼ全員の加入を見込んでいましたが、実際には翌十一年四月現在で正会員七七二人、賛助会員一三五人であって、正会員は初年度目標人数の約半数、賛助会員に至っては目標の一三パーセントを獲得するのがやっとでありました。

とはいいながら、当時において設立後一年余で県下住職総数の四〇パーセント近くを吸収しえたことは評価されます。行政の強力な指導力によるものではありますが、半面、寺院機能の社会化に対する僧侶の自覚が高まりつつあったということでもあるでしょう。「一寺院一事業」の達成を会の指導方針とし、協会本部から『寺院を中心とする簡易社会事業施設』なる小冊子を発行して配布しました。事業計画の大綱には目を見張らされるものが少なくありませんが、どれだけ実現しえたか疑問でもあります。そこで活動の実際に目を向けてみますと、児童教化、社会教化が多いのは当然としても、農繁期託児所のごときは、協会の奨励もあって昭和九年中に寺院経営のもの二二カ所であったのが、昭和十五年には県下で九八二カ所に達し、岡山県に次いで全国第二位の開設数を誇るまでになっているのです。ところで、本会の産みの親で実質的な牽引者でもあった安田亀一は昭和十三年に兵庫県（神戸職業紹介所長）に転任しました。協会の基礎が未熟な段階での安田の異動は本会にとって大きな痛手であったにちがいありません。戦局の深まる中で、はたして協会は初期の目的をどの程度に達しえたものでしょうか。史資料の発掘と検討が待たれるところです。

（3）寺院社会事業が存立する根拠

これまでは主として寺院社会事業の実態的側面に注意を払いながら、その歴史的経緯や実践主体の性格などにつき、いささか論及してきましたが、ここでは当時教団内外で盛んに提起され、奨励され、論じられてきた「寺院社会事業」の存在理由と存在形態について、その論旨を以下の四つに整理し検討を加えてみたいと思います[14]。念のために申し添えておきますが、ここで問題とするのは、「寺院社会事業とは何か」といった寺院社会事業の概念（主体・対象・方法・目的など）を直接扱うのではなく、寺院社会事業が要請される理由なり根拠を見届けてみようとするものであります。

①寺院社会化論

主に教団・寺院関係者が立場上の自覚と社会的圧力を背景に、寺院の公益的立場、社会的な使命や価値（有用性）を主張し、具体的な実践を寺院中心の社会事業に求める論調です。この中には寺院の「大衆化」「社会的進出」「社会的中心としての寺院」などが説かれるものも含まれます。なお本論においては、寺院社会化の根拠を聖徳太子の四天王寺四箇院や行基の四十九院の事蹟等、日本仏教の歴史の中に見出す見解が少なくありません。大正中期以降、昭和にかけての歴史研究（仏教史・社会事業史）の成果が影響を与えている[15]ことはまちがいないでしょう。次に事例としてとりあげるのは新義真言宗智山派管長「訓諭」（昭和三年〈一九二八〉六月四日）および宗務庁の指示（同年六月三十日）ほかです[16]。

本職茲《ここ》ニ大ニ鑑《かんがみ》ル所アリ、（中略）乃チ此ノ機会ニ於テ全国末寺院ヲ激励シ、寺院ヲシテ普ク教化又ハ社会事業ヲ経営セシメ、僧侶ヲシテ悉ク其ノ才能ヲ活用シテ人心指導ノ実務ニ当ラシメ、庶《こいねがわ》クハ以テ社会ヲ浄化シ思想ヲ善導スルノ一助トナササント欲

ス、若シ如此ンバ啻《ただ》ニ寺院及僧侶ノ社会的価値ヲ増大スルノミナラズ（後略）
宗牒第三号（中略）
二、社会事業ノ経営ニ就テ
　各寺院ニ於テ社会事業ヲ経営シ、其殿堂ト境内トヲ活用シテ社会ヲ裨益シ民衆ヲ指導スルト云フコトハ、素ヨリ仏祖ノ本懐デアリ僧侶ノ浄行デアルコトハ言フ迄モアリマセヌ、故ニ其事業ヲ経営スル者ハ苟且《かりそめ》ニモ恩恵的デアッテハナラヌコト名利ノ念ニ駆ラレテハナラヌコト、ノ二条件ヲ忘レテハナラヌノデアリマス、殊ニ寺院ヲ舞台トシテノ社会事業ハ徹頭徹尾民衆本位デアルカラ、飽ク迄モ奉仕的デアリ報恩的デアリ、如何ナル場合ニモ名誉トカ権利トカ報酬トカヲ求ムルガ如キ、卑シイ功利的野心ヲ起シテハナリマセヌ、依テ苟モ一ヵ寺住職デアル以上、其寺院ノ檀信徒及郷土ノ民衆ヲ教化スルノハ、各自ノ当然ノ義務デアリ本来ノ使命デアルト云フコトヲ覚悟シテ掛ルコトガ肝要デアリマス。

　元来寺院ニ於テ行フ社会事業ハ、実ハ一種ノ布教手段デアッテ所謂身業説法ニ属スルモノデアルカラ、決シテ単ナル慈善事業デハナク、最モ精神的デアリ、教化本位デアルト云フコトヲ忘却シテハナリマセヌ（後略）

三、事業ノ選択

（中略）先ヅ第一ニ「土地柄ニヨリテ事業ヲ選ブコト」ガ大切デアリマス、例ヘバ都会ノ寺院ハ都会ニ必要ナ事業、農村ノ寺院ハ農村ニ適シタ事業、工場地帯ノ寺院ハ労働者ニ便利デアリ有益ナル事業、（中略）農村ニ在リテハ農繁期託児所、コドモ会、巡回文庫、施薬、貯金組合等ガ適当デアリ、都会ニテハ幼稚園、日曜学校、職業紹介、丁稚女中ノ夜学、簡易宿泊等ガ必要デアリマセウ、又タ工場地帯ニ在リテハ保育園、副業紹介、簡易食堂、生活改善、人事相談等ガ最モ歓迎セラレルヤウデアリマス。

第二ニ「経営者ノ特質」如何ニ依ツテモ事業ヲ選バネバナリマセヌ、（後略）

いささか長い引用となってしまいましたが、ここではまず現下における一宗の進むべき基本的方向性が「訓諭」によって示されています。全国の末派寺院には教化活動または社会事業を経営せしめ、僧侶は人心指導の実務に当たり、もって社会浄化と思想善導の一助となるよう努めるならば、寺院と僧侶の社会的価値は増大するといい、「宗牒」において、下記の内容を参照して各住職は「其所住ノ寺院ト境内トヲ利用シテ、適当ナル社会事業ヲ施設」するとともに「大ニ社会教化ノ実績ヲ挙ゲ」、訓諭並びに教令の趣旨を貫徹するよう達しています。僧侶を社会の指導者と認識しているところに注意しておきましょう。

「社会事業ノ経営ニ就テ」では、寺院を開放して社会事業を行うことは「仏祖ノ本懐デアリ僧侶ノ浄行」ゆえ、その事業は「恩恵的」であったり「名利ノ念」にかられてはならず、「民衆本位」で「奉仕的デアリ報恩的」かつ一寺住職として「当然ノ義務デアリ本来ノ使命」として徹底されねばならないとします。いわば衆生恩（社会の恩）への報答の行ということになるでしょう。そのうえで寺院社会事業の性格を世間一般の慈善事業とは異なる「一種ノ布教手段」と位置づけ、「身業説法《しんごう》」であり「教化本位」であることが肝要だとされます(17)。新たな場所や建物を設ける必要はなく、本堂・庫裡等の寺院所有建造物や境内を開放・利用するよう勧めているのもそのためです。またいかなる事業を経営するのが望ましいか、「事業ノ選択」については、寺院の立地条件と住職（経営者）のパーソナリティに見合った選択が肝要だとして具体例をあげています。ちなみに各宗団においてもそれぞれ社会事業経営者のマニュアル（手引書）を作成配布しています。以上、教団による寺院社会化論には教化的性格が強く、方便としての社会事業といった限界はありますが、時代の要請を体し一貫した方針のもとに組織的・運動的に取り組んでいることが察せられるでしょう。

②寺院活用・開放論

寺院の物的・人的活用と地域開放を説くもので、これには社会資源論と公共施設論ともいうべき見解があり、主として前者は行政の立場から説かれているようです。たとえば大正期社会事業行政の中心人物であった田子一民《たごかずたみ》（当時内務省地方局社会課長）は大正九年（一九二〇）八月発行の『学校寺院を原動力とする社会改良』（白水社）と題する著書の中で、「予は市町村を通じての社会改造の原動力を学校寺院に求め、その学校及び寺院の施設と、職員僧侶の注意と努力とをこの方面に注ぐことを強調したい(18)」といい、そのわけを「教育宗教は国民思想の根本さえも左右する力をもって居る。社会改造の原動力はここにあるので、一国の思想も生活方式もここできまるのである。この一事をとり除いて、国家の社会政策も、自治体の社会政策も無力に終わるのである。予はこの意味から、大に学校寺院を中心にした社会改良を提唱して実行を見たいと望むものである(19)」と記しています。また、

寺院数七万一千、一市町村平均六個寺以上、住職数一市町村平均四人以上居られる訳である。尤《もっと》も大都市に於いても、在る地区に偏在もして居るし、又寺院の所在と檀徒の分布とは一致もして居らぬが、しかし、寺院と住職の勢力とを考えるときここに社会改良に何ものかを考えさせられる。況んや、この外、識見あり、信仰篤い幾多の布

教師が居られる以上、若し此れ等の人々が、相携へ、相結んで立つならば、以て、社会問題も、労働問題も解決し得べきものと信ずる。[20]

と述べています。そうは言うものの、田子は本書で必ずしも「寺院を中心とした社会改良」について具体的な提案をしているわけではありません。しかし貴重な社会資源である寺院・僧侶を「社会改造の原動力」として動員しようとする着想にはこの時期の内務行政にみられる寺院（神社・教会を含む宗教教団）活力導入策と合致する点があります。[21] なお時期は異なりますが、こうした考え方が地方の社会事業行政を担った上述の安田亀一らに影響を与えたとしても不思議ではありません。行政側における寺院への強い関心を示すものとして注意を払っておきたいと思います。先の実践主体の類型ではC型の理論的基礎をなすものといえましょう。

公共施設論とは、寺院は住職の私有物ではなく、その施設は本来公共性を有するものだから、これを社会の公益に役立たせるべきだとする主張であります。たとえば大正期からの「寺院社会事業」の唱導者長谷川良信によれば、

仏教に於ては教団即ち僧伽（saṃgha）所謂和合教団であって、それは精舎によって代表され後に寺院となったが、その寺院なるものは招提《しょうだい》（cāturdiśa）即ち四方共有を意

味し、従って寺院はあくまでも公共的存在として、その財物を受用すべきであるとせられ、且つ寺院は仏法僧三宝の止住するところであるから、仏陀の根本精神たる乎衆生済度の作用即ち社会公益事業を経営すべきであって、寺院の財政経済は全くこの公益を中心にして処理せらるべきものである。若し寺院にして此の度生《どしょう》の作用なきに於てはたとい殿堂伽藍の壮麗なるものがあっても、そは死せる残骸というべく、又その財政経済は社会の公物を私する横領窃盗の類というべきである。(22)とまで言い切っています。また佐伯祐正《さえきゆうしょう》が、寺院は本来「公の家」であり、「社会の家」であると言って、地域への寺院開放を説くのも同様です。(23)この見解は教団・寺院関係者から論じられる場合が多く、関係者に自省を促しているものです。

③寺院再生（更生）論

停滞している寺院仏教の前途を過去の歴史の教訓に学び、社会事業に求めるものです。ここでは、昭和十年（一九三五）『社会事業研究』十一月号掲載の馬場明男《ばばあきお》「変革過程における寺院仏教と社会事業」を紹介しましょう。馬場はまず、現代社会の危機的様相と宗教復興（その典型例として友松円諦《ともまつえんたい》の「真理運動」をあげ、他に「ひとのみち」「生長の家」などがとりあげられる）についてふれたうえで、「こうした現象によって、我々は寺院仏教も完全に復興したかというに、大いに疑問を持っている者の一人である」といい、宗教復興は「寺院仏教」にはあてはまらず、むしろ寺院は檀信徒の離反、社会的特権の喪失などによって財政的逼迫に陥り、寺院仏教は衰退の危機にあるといいます。しかし、だからといって将来その苦境から遁れる道がないというのではありません。「只問題は、寺院仏教が、如何なる自生策を施すかにある」とし、自ら「寺院仏教の将来性ある政策」について提言しています。

その馬場が注目しているのは、前述したような近年における日本仏教史研究の成果であって、なかでも「最も啓蒙的なものは現在の公共団体乃至は私的団体のなしている社会事業的任務を、仏教が行っていることを系統的に宣明したことである」とし、「過去の仏教が、かくの如き広汎な社会事業のために存在理由を把持していたことを知るならば、現在の寺院仏教の拠ってもって立つ基調を規定することは容易」だといい、「寺院の再生する最も妥当な方法としては、社会事業を現在の状態より更に組織的に取り上げ、自らの任務とすることにある」と提案しています。ただしこれを実行するためには、寺院の徹底的整理（廃寺同様寺院の合併、財政整理）と内部改革、寺院機能の変革が欠かせないとし、そのうえで、寺院仏教が強力な中枢機関を設立して、統一的組織的に社会事業を社会任務として実行するならば、仏教の存在意義はあるとしたのです。

現在の小規模かつ分散的な「仏教社会事業は殆んど問題とするに足りぬ」という馬場が描いた事業は「大規模のセツルメント」にあったようで、「現在社会事業は個別的社会事業《ソーシャル・ケースワーク》から大衆社会事業《ソーシャル・マスワーク》の方向を辿りつつある時、依然社会宗教である仏教が旧制度のもとに「慈善的残滓の古道具屋」的な事業を申訳的にやっている限りは、明日の仏教は永久に約束されぬであろう」と本論を結んでいます。社会的、経済的、文化的に息詰まりつつある寺院仏教の現状を手厳しく批判する一方で、仏教の原理的立場と歴史上の事実を踏まえながら寺院再生の方途を統一的組織的な社会事業に求める馬場の所説は、教団の外からの発言であるだけに傾聴に値します。内容的には大正期「寺院改造」論の系譜を引くものとみなしていいのではないでしょうか。

④寺院社会事業の理想的形態

上記①から③は寺院社会事業が必要とされる理由ないし根拠にかかわる見解でしたが、④は寺院を拠点（中心）とする社会事業の事業形態の理想を説くもので、「隣保事業」（セツルメント）を推奨する見解が圧倒的に多いのです。またそれだけ寺院の隣保事業が活況を呈していたことはすでに上記した通りであって、昭和十年頃には「最近各府県当局に依って府県下の寺院の社会事業的躍進への指導がかなり強くなっている。愛知県、石川県、福井県、徳島県、宮崎県、佐賀県其の他の諸県に於ても寺院の隣保化が計画され実行につつされている[24]」といわれるまでに行政も乗り出していました。以下ここでは、東西における代表的な寺院隣保事業提唱者（実践家でもある）というべき、長谷川良信と佐伯祐正の見解をうかがってみましょう。

まず長谷川ですが、彼は社会改良主義の立場から、わが国の社会状態に鑑み、救済施設としてセツルメントの緊要なることを早くから訴え、その寺院への適用をも提唱しました。「隣保事業」と翻訳したのも長谷川であり、「私は信ずるセツルメントを忘れて百千の救済機関を設置してもそれは畢竟脈を取らないで薬を盛る様なものである[25]」（大正六年三月）とまで言っています。その隣保事業の性格なり特徴については「畢竟隣保相扶共済互恵の精神に基づいて善き隣人として自己環境の社会文化を開発していこうとする仕事」で、「常に隣人の自覚を促がし隣人のあらゆる要求に応ずべき」であるから、多種多様な施設が要求されます。したがって隣保事業は従来の社会事業とくらべれば、「彼が個別的であるに対して是は集団的であり、彼れが収容的であるに対して是は開放的、彼が分科的であるに対して是は総合的である」とし、地域における「社会事業のデパートメントストアの観」をなしているとしたのです。[26] 一方、現実の地域（単位自治体）をみると、小学校、神社や寺院、役場や警察はあるものの、「社会的中心」「総合的の社会中心機関」というものを欠いています。そこで「社会中心機関」としての寺院の役割が見直され、寺院に隣保事業（館）が要請されるとするのです。隣保事業に「宗教的訓練」（成人教育・公民教育・労働者教育の中で必要とする）の任務を与えているのも寺院が主役とされるゆえんです。[27] 以上のような長谷川の考え方を前提としたとき、次に語られる内容もほぼ了解されることではないでしょうか。

本宗が一寺一事業を標榜するのは敢て今時の沙汰ではないのであるが、特に吾人が之を提唱する所以は、少くとも一寺がその地区に於て「隣保事業」としての機能を整備充実して欲しいという希念を持つからである。（中略）実に日本の隣保事業はその理想に於て、その概念に於て、その組織に於て、その機能に於て海外セツルメントの翻訳的意図に成るものでなくして、我が国の歴史、伝統及その社会情勢に対応して、意図され、企画され、創案されつつある所のものであって、隣保事業こそは総じてこれ仏教的社会事業の中枢的位置にあるものとして、是れを闔宗《こうしゅう》に擬し、これを全仏教寺院に推奨してやまない所の、近代寺院の必備的機構なりと信ずるのである。(28)

次は関西（大阪社会事業界）における代表的な仏教セツルメントの指導者佐伯祐正の場合です。佐伯に関しては菊池正治の業績があります(29)。菊池によれば、佐伯は「自覚的・教育的運動としての社会事業をセツルメントに求め」、仏教の現代化としての寺院セツルメント化について、第一は、寺院は元来セツルメントとして建立され、その活動は両者とも多くの共通点をもっており、寺院建立の趣旨に従ってその任務をまじめに遂行すれば、自然とそれがセツルメント活動となり、理想的な寺院となる。第二に、寺院は住職、寺族、檀徒という人的組織と土地、建物などの物的条件に恵まれており、セツルメントを始めるのに有効であること。第三に、寺院は一般社会に開放されることが当然であり、その方策としてセツルメントが最適であることを主張しました。

そして経営形態としては、①寺院自身がセツルメントとして働いていくこと、②他の第三者がセツルメントとして寺院を利用すること、③寺院と第三者が協力して実行すること、などの方法があるとします。このうち佐伯は③が寺院セツルメントには有効であると考え、寺院と地域住民が共同することによって、寺院は「共存共栄の道場」として住民に貢献できると確信したのです。かくして菊池は、佐伯のセツルメントを、住職としての問題意識→仏教の現代化→寺院の地域開放→寺院のセツルメント化という構図で示し、自坊に善隣館を「付設」するのではなく、寺院それ自体をセツルメント機能の一つとして位置づけている点に佐伯の「寺院セツルメント」の特長を見出しています。付言すれば、「隣保事業は公営の形式的社会事業でもなく資本家の手先でもなく時代の文化の先達であり、先駆者であり全大衆への時代文化の運搬者でなくてはならない。全てが「寺から里へ」でなくてはならない。死人の世話だけでなく生れる前から死のかなたまでのよき隣人である[30]」と記して、「即座に全国に八万の寺院隣保館をつくれ[31]」と強く訴えているところに、佐伯の面目躍如たるものがあります。

詳しい検討は他日に譲ることになりますが、いま長谷川・佐伯両氏の寺院隣保事業論を紹介して印象深い点を一つあげるとすれば次の点です。すでに見てきたように、教団や行政が奨励する「寺院社会事業（隣保事業）」は、寺院と社会事業との関係について、一方が他方の「手段」として位置づけられることが少なくないのです。しかし両氏に共通するのは、寺院と社会事業なかんずく隣保事業が、その施設と機能において本質的に一なるもの（相通じるもの）として捉えられている点ではないでしょうか。

（4）おわりに

近代における組織的・運動的・啓蒙的な性格を持つ寺院社会事業は、わが国社会事業の成立と期を同じくして、折からの「寺院改造」「寺院開放」の気運とともに登場したのでありました。そこにそれまでの寺院仏教に対する厳しい自己批判を読みとることは容易ですが、それが信仰を媒介とした僧侶の社会的覚醒という内実をともなわぬ「寺院の社会的有用性」のレベルにとどまるならば、寺院社会事業は真の仏教改革運動には値しないといわなければならないでしょう。

このような視点に立って本期の寺院社会事業の成立と展開を評価しようとすれば、第一に活発な論議（幾多の寺院社会事業論）と多様な実践主体による事業の量的拡大は、都市と農村とを問わず社会事業問題の解決に一定の成果を挙げえたといえるでしょう。しかしどちらかといえば、個々の寺院の主体性や独自性よりも、受動的で、広義の外圧（社会的・思想的・政策的な）に促され、かつ行政主導の性格を強め、次第に国家目的の遂行に利用されるに至ったという側面は否定できません。

第二に、そうはいうものの、寺院と社会事業とを結びつける思想と論理の構築に、また多様な寺院間ネットワークづくりに、前後の時代にはみられない官・民挙げてのエネルギーを投入して、近代史上、「寺院社会事業」の時代を現出したことの意味は条件つきとはいえ認めなくてはならないでしょう。

第三に、地域社会における本来的な寺院・僧侶の役割や機能のなかに隣保事業（セツルメント）としての要素を発見し、「寺院隣保事業」という新しい寺院社会事業の形態を提唱し実践したことは、社会事業を「布教・教化の手段」として位置づける教団社会事業の限界を超える可能性を有するものでありました。時代は異なりますが、これからの地域福祉の時代に、コミュニティーのなかで寺院の果たすべき役割を考えていくうえでも教訓になる点は少なくないものと思われます。政教分離・信教の自由の今日、寺院・僧侶に求められるのは、その思想・信仰に基づく内発的な真にボランタリーな社会活動ではないでしょうか。

2　慈友会の社会事業

（1）はじめに

第一次世界大戦末期のロシア革命の影響によってもたらされた社会改造、世界改造の機運は、それが世界各国に波及すると、その「改造」の叫びはついにわが国の宗教界にも押し寄せ、宗教改造・寺院改造の火の手があがったのでした。ちなみに、大正八年（一九一九）四月の雑誌『改造』の創刊は改造への志向を象徴的に伝えています[32]。そしてそうした「改造論」「改造運動」は、あえて言えば、惰眠を貪っていた教団・寺院・僧侶に危機感を煽りたて、覚醒論（運動）としての役割を果たし、寺院をして社会的活動（社会事業）へと開放していくのに極めて有効でありました。

そこで私は、「寺院改造」の申し子であって、大正期における寺院の社会事業のある種のモデルをなし、草創期において社会的影響力の甚大であった名古屋の「慈友会」をとり

表2 大正期浄土宗教団の動向

年月		事項
明治41年（1908）		感化法の改正実施に際し、管長訓辞のなかで、宗祖大師遠忌報恩記念事業として感化救済事業を経営し、仏祖の霊鑑に答え、国家の進軍に貢献せよと励まし、また「本宗教化師並ニ教会衆タルモノハ活動ノ中心ヲ社会事業ニ求ムルノ意地ニ住シ云々」とある。
大正元年（1912）	9月	免囚保護事業励行に関して特に管長の訓辞あり。
大正2年（1913）	5月	宗務所は職制を改め、教学部布教課所管事項中に「感化救済に関する事項」を付加する。
大正3年（1914）	9月	報恩会明照会組織の教令が出される。
大正4年（1915）		大正天皇即位大礼祝聖の記念として社会事業の策進を令する。
大正6年（1917）	7月	時局警策の意味において寺院の社会的施設を勧奨。
大正7年（1918）	3月	管長より時局に対し国民覚醒運動の提唱（訓示）、全国的に時局伝道開始される。
大正8年（1919）	10月	再び宗務所は時局特別伝道を策する。
大正9年（1920）	6月	第1回浄土宗社会事業協議会が開催される。
	11月	宗務所庶務部の布達をもって、社会的施設の要項を示す。
大正10年（1921）		庶務部内に社会課が新設される。
	9月	宗門における公私社会事業家の連絡研究の機関として金曜会が発足。その運営は宗教大学社会事業研究室が中心となる。
大正11年（1922）	4月	社会課が社会部に昇格し、各種社会事業の督励と連絡をはかり、毎年2回以上、宗務所に結果連絡をもたらすべく、社会事業地方（教区）委員制度を施行。
大正12年（1923）	2月	宗制第20条を改正し、社会事業を布教・教育と併行した一分科とすると同時に、教令社会事業規則（14カ条）、教令教区社会事業協会を設置する。
	3月	宗務所社会課編『寺院中心の社会事業』を発行する。開宗750年記念（四六判134頁）
	9月	増上寺が社会部を設置する。
大正13年（1924）	3月	第1回浄土宗社会事業大会開催（13日～15日）。
大正14年（1925）	7月	知恩院が事務局に社会課を設置する。
大正15年（1926）	4月	社会事業指導委員規定を定め、社会事業及び社会教化事業の刷新興隆をはかり、斯業従事者の指導を行うため「社会事業指導員」を置くこととする（25日）。

あげ、創設の背景やそこに至る経緯、同会設立の主旨・目的、事業計画、その波及効果、諸事業の実際などについて論述し、いささか同会創設の意義を探ってみたいと思います。

参考までに、大正期における浄土宗教団の動向を**表2**に示しておきました。

（2）「寺院改造」運動と慈友会の創設

世間が改造論で騒ぎ出したのは、ほぼ米騒動――第一次世界大戦の終結を契機とする大正中頃からのようですが、ことに「寺院改造」についての動きは大正八年中頃から勃発し、九年の初期に最高潮に達した感があります。『浄土教報』（以下『教報』と略す）は大正九年の元旦号に「宗門改造の新意見」と銘打って、第一問には「寺院改造の第一着歩如何」、第二問には「法服改廃の限度如何」を提示し、浄土宗内諸大徳三〇名の意見をそれぞれ掲載しているほどです。この中には、林彦明・望月信享・椎尾弁匡・矢吹慶輝など、当時にあって教団内外に影響力の大きい著名な人物のほか、友松円諦のような少壮気鋭の僧まで含まれています。第一問に対する諸氏の意見を整理してみますと、もっとも多数を占めたのは、僧侶（住職）自身の改造（自覚）を指摘する意見、次に、ⓐ寺院分布の適正化（寺院の統廃合）に関する意見、ⓑ住職の任免権に関する意見、ⓒ寺有財産の整理に関する意見、ⓓ寺院建造物の構造に関する意見、ⓔ僧侶・寺院の分業に関する意見、ⓕ寺院の開放および組織化に関する意見、などが目立っています。

はじめに住職自身の改造を指摘する意見の中では、僧侶であって名古屋新聞主筆の小林橘川が、「寺院改造の根本問題は住職者の頭脳の改造に帰着する。今日の寺院はあらゆる方面に改造を必要とする。改造の程度と様式と方法とは一に各寺院住職者の自覚に俟つべし。今日のところ寺院改造研究会を組織して、真面目に研究したし《ママ》。但し改造は改良にも改善にもあらずして根本的再築再造を意味するを知らねばならぬ」と答えているのは、よく改造の本意を突いているといえましょう。

次に、ⓐでは、貧寺や寺院密集地区での寺院統廃合が問題とされているわけですが、たとえば窪川旭丈は、「個々寺院の改造に先立ち宗務所及教務所に調査機関を設置し、寺院の廃合分布の調査を立案し、之が実行を促進するを要す」として、「（イ）都市にありては布教寺院と祭祀寺院とを区分し、布教寺院は布教伝道専門の道場として、祭祀寺院は葬祭法要専門の道場として各必要なる規模と設備を完整すること。（ロ）現に五百ヶ寺内外を有する三都の如き百ヶ寺乃至二百ヶ寺以内に限定するも優に前項能率を増進し得べく、村落にありては一村（又は大字一郷）に一ヶ寺を限り祭祀・布教を兼行するに必要の設備を整うこと」と述べています。これはⓔの分業論とも関連します。ⓑについては、住職の任免権を宗務所や管長に一元化すること。ⓒについては、「寺有財産を統一し、僧侶を月給制度とする」とか、「寺院は自己の所有物なりと云う誤謬を徹底的に破壊す可し、夫れが方法としては寺院も譲渡しの際の現金授受を止むること、更に進んで寺院を一宗総覧者即ち管長のものとなし、住職は俸給を以て生活する様に」との答えまで見え、ⓓでは、寺院建造物の体裁を公会堂風にしてはとの意見など。ⓔでは、「一宗教家を伝道、教育、法務、事務の四種として分業法をとること」とか、「伝道師と法務師とを区分し、寺院は法務師をして直接経営管理せしむる」とした答えがみられます。

またⓕについて、本論とも直接関係しますが、椎尾《しいお》弁匡《べんきょう》が「寺院改造の第一は僧侶の覚醒と寺院をして法人の形式実体を備えしむることに在り、その共同組織を見るに至り更に有効なり」といい、矢吹慶輝が「寺院の存在が社会の公益たる意義を発揮すること、寺院在住者の時代化は免るべからざる精舎、伽藍、招提の語意の如く、凡て現代的に共同生活和合精神の実を挙げ、根本的に僧伽成立の原意に復すること。此中に現代に於ける諸種の難問題に対する活ける解釈と規範とを含む。そを実現し往くが寺院制度の改造たるべく其結果は寺院の社会的開放たるべし。仏教全体若くは一宗一派として之を実現するを不可能とせば、此精神を体せる住職者の養成或は聯合運動を急務とす」と答えているのは、寺院の組織化論、公益論、社会化論としても注目に値します。このほか、具体的な提案として、僧侶の廃酒、学校の根本的改造、本尊を名号とすること、ピアノ等西洋音楽の導入による宗教心の喚起、不動産・動産の一切と一般の寄付を募って一大財団をつくり一宗を維持する方法（檀家の布施によらない）、適当の地に大規模な一宗墓地を撰定してそこに移転すること、都市に「寺院改造期成同盟会」、地方に「社会風化事業施設同盟会」を組織すること等々、かなり革新的な意見が開陳されているのは興味深いものがあります。

以上にみられるような「寺院改造」に関する浄土宗内識者の意見からも察せられるように、「改造」の動きは教界を激しく揺るがしていったのです。そして、その寺院改造の先駆を果たした名古屋市内（東区）浄土宗七〇の寺院と檀信徒からなる「慈友会」が、正式に発会式をあげたのは大正九年三月七日のことでありました。

慈友会設立の直接的な契機は、大正八年、名古屋市内の寺院が、同市における戦後経営特別集中伝道[33]（十月十六日〜二十二日）を前に、九月三日、寺院団と信徒団の大協議会を白川町光明寺で開催したことに始まります。その折、出席を求められた同市在住の浄土宗最有力の篤信者である松阪屋呉服店主・伊藤守松は、同協議会において、本宗の寺院が時代即応の社会施設を設け、現代社会を指導教化するならば、いかなる財政援助も惜しまないと持論を披瀝したのです。

その後伊藤は、当時東海中学校校長をしていた椎尾弁匡らと幾度となく相談し、その方向づけにつき椎尾に一切の責任と指導を託しました。椎尾は直ちに飯尾布教団長らと協議し、一般的方策を定めるとともに、在京の渡辺海旭・矢吹慶輝らからも意見を聴取しました。次いで、特別集中大伝道中の十月十九日、光明寺において市内寺院住職および檀信徒代表者七十余名が会合し、伊藤守松座長のもとに本宗発展の方策を議する大協議会を開催して、下記の七カ条からなる会則などを決め、社会的活動の計画を審議し、これを採託したのでした。ここに事実上、慈友会のスタートが切られました。

慈友会々則

第一条　本会ハ慈友会ト称シ本部ヲ当分名古屋市中区白川町光明寺内ニ置ク

第二条　本会ハ仏教ノ信仰ニ基キ時代ニ適応セル社会事業ヲ行フヲ以テ目的トス

第三条　本会ハ前条ノ目的ヲ達セン為メ左ノ事業ヲ行フ

第一項　仏教ノ実義ヲ鼓吹シ団員ノ結束ヲ計ル事

一、実義ノ研究奨勧　二、実義鼓吹ニ必要ナル文書出版　三、学術、宗教、社会事情ニ関スル講演　四、実義ニ基ク仏教協働勤団ノ組織　五、前各項ニ必要ナル機関ノ組織

第二項　都市ニ相応スル宗教施設ヲ改善スル事

一、都市改善ニ伴フ寺院分布　二、都市改善ニ伴フ寺院其他宗教的営造物ノ使用法ノ改革即チ公会所、簡易図書館、市民娯楽所等ニ使用スル類　三、都市ヲシテ宗教施設改善ノ方針ヲ定メ実行セシムル事　四、仏教伝道館ノ建設　五、葬儀ノ改善及設備

第三項　社会事業ヲ経営スル事

甲、防貧事業

一、職業紹介所　一、托（託）児所　一、労働組合共済機関　一、簡易食堂

乙、教化事業

一、正則教育ノ向上　一、工場教化　一、不就学者教育所　一、勧業所　一、免囚保護　一、不良少年浮浪人ノ感化

丙、救護事業

一、施療、施薬、及慰安事業　一、廃兵、孤児の救護
丁、中堅向上事業
一、中級ノ結束　一、青年団ノ補導　一、都市生活ノ改善
戊、調査研究事業
一、方面調査　一、内外社会事業ノ調査　一、都市発達ノ調査　一、研究生ノ養成及内外視察者派遣
第四項　各種必要ナル会合ヲ催ス事
一、労働者慰安会　一、青年会　一、商工青年会　一、婦人会　一、コドモ会
第五項　前諸項ニ掲ゲタル外第二条ノ目的ヲ達スル為メ必要ノ事業
第四条　本会ハ第二条ノ目的ヲ賛助スル浄土教徒及一般有志ヲ以テ組織ス
一、本会ハ会員ヲ分テ正会員、特別会員、名誉会員トス
一、正会員、会費トシテ毎月金拾銭宛納附スルモノトス
一、特別会員、会費トシテ一時金弐百円以上若クハ毎年金拾円以上ヲ納附スルモノトス
一、名誉会員、総会ニ於テ之ヲ推選ス

第五条　本会ニ左ノ職員ヲ置ク

一、幹事七名　一、会計二名　一、評議員若干名

幹事及会計ハ評議員中ヨリ互選シ幹事ハ互選ヲ以テ幹事長ヲ置ク任期ハ満二ヶ年

トス評議員ハ会員中ヨリ選出ス

一、顧問、若干名評議員会ニ於テ推選ス

第六条　本会ニ必要ナル規定ハ評議員会ニ於テ之ヲ定メ、幹事之ヲ執行ス

第七条　本会則ノ変更ハ会員総会ノ決議ニ依ル(34)

慈友会の事業計画や構想については後に詳しくふれることにしますが、ここでこの間の経過を確認するうえからも、信徒団の代表であり、しかも同会発足への点火者でもあった伊藤守松の所信に耳を傾けてみましょう。彼は大正九年（一九二〇）一月一日の『教報』誌上で、「名古屋寺院の改造に就て」と題し、次のように述べています。少し長くなりますが引用してみます。

現今一般社会状態を見るのに、どうしても其の根底は宗教によって之を築き上げねばならぬと云う事を痛感させられます。信仰が無くては何事も成就しません。然るに一般仏教界を見るのに、どうも実生活に触れていません。葬儀法要の外殆んど社会的に

活動する力が現わされて居らぬように見えます。無論法としては永久に尊く不滅のものでありましょうが之を時代々々に生かして行かねば何にもならぬ。偶々内務大臣などの訓令によって動き出すなど、全く受動的で心もと無い次第です。加うるに少しも資金などを集める事をしません。そして財源の無い事を慨《いきどお》っているようですが、現今の時勢では集めれば随分多額の資財が集まるに違いありません。集まらぬのでは無くて集めぬのです。現に名古屋市でも基督教の会館を建てるので寄附を募っていますが、既に七万円から出来たそうです。之などは仏教徒に対する大きな皮肉ではありませんか。尚浄土宗では昨年は管長猊下を先頭に覚醒運動を計られたようですが、尚実際的に寺院夫々の上にその運動の力が現われて欲しかったと思います。自分は幸い浄土宗の信徒でもあり、又先祖代々の有様が殆んど信仰でなり立ち、又一般寺院とも関係が非常に深い所から、出来る事なら何とか力を添えたいと考えていました。

所が此の春、寺院方が青年大授戒会を催すからその協議員に自分にも出席せよとの事で、出席しました。然し授戒会も結構であるが、それより更に根本的に考うべき点がありはせぬかと思うたので、其処で寺院の社会的活動に就ての抱負を問いましたが、自分の満足するような意見を聞く事が出来ませんでした。其の時自分の思う所を披瀝し、又其の後再三椎尾博士にも一般寺院方にも会見し色々相談の結果、名古屋浄土宗全部の結束が出来て慈友会と云うのを作る事になりました。之は其の内財団法人にするのですが、此の会が中心で名古屋浄土宗寺院の改造をするので、広く会員を募り寄附金も成るべく多くの人から之を集めて、改造の費用と将来の維持基金とに当つる計画になっています。

伊藤はまず、現今社会の建設には宗教が基礎をなさねばならないにもかかわらず、仏教界は葬祭仏事に終始し、人びとの実生活から全く遊離してしまっていると指摘します。また、たまたま活動が見られても、内務大臣の訓令（先記の民力涵養に関する訓令）に促されて実施するといった消極的なものだから、キリスト教にくらべ資金集めさえもままならない。その中にあって、昨年浄土宗が管長を先頭に覚醒運動を推進したことは評価できるとしても、まだ個々の寺院にまでその運動が滲透していません。自分は先祖から浄土宗の信徒であって、一般寺院の奮起のために少しでも力を貸したいと考えていたが、ちょうどよい機会を得たので参会者に「寺院の社会的活動」につき抱負を尋ねたところ、満足するような答えは返ってこなかった。そこで自説を述べ、この後いくたびか椎尾や一般寺院方と相談を重ねた結果、名古屋市内浄土宗寺院の結束が固まり、慈友会設立の運びとなった、といいます。しかも、本会が中心となって名古屋浄土宗寺院の改造を断行するとまで語っています。慈友会は、こうした伊藤の熱意に動かされて形づくられていったのです（会の設立とともに伊藤は会長に就任し、椎尾は幹事長になっています）。

（3）慈友会の事業計画とその影響

慈友会は、既述のように大正九年（一九二〇）三月七日、正式に発会式をあげました。当日は愛知県会議事堂において、知事・市長らの来賓をはじめ八百余の道俗を迎え盛大に挙行されました。繰り返し述べてきたように、本会は時代の要請としての「寺院改造」の主張の中から誕生したものでしたから、たとえそれが浄土宗寺院の協同組織を中心としたものであったにしても、直接、浄土宗義に理念的基礎を置くというものではありません。いわゆる通仏教的な寺院・僧侶覚醒運動として、啓蒙的要素の強い性格をそなえていたといえましょう。この点は次に掲げる宣言や上記の会則からもうかがわれます。

宣言

一本会は仏教の信仰に基き陋習を去り迷信を除き時代に適応せる社会事業を行う。

一本会は其目的を達せんが為に大乗の実義を鼓吹し汎く同志の協力を喚起し共働奉公以て社会の福祉を増進するに努む
一本会は宗教の施設を改善し思想の醇化に貢献し菩提を増進し涅槃を体得せんことを努む。
一本会は慈友の精神を発揮し研究調査を完うし教化の洽徹《こうてつ》と中堅の上進隣保の発達と防貧救護の達成とに努め成就衆生浄仏国土を遂げんことを期す。

大正九年三月七日

慈友会(35)

しかし同時に、その目的の中心はやはり広汎な社会事業（セッルメントの一形態）におかれ、寺院の社会化（社会的活用）に総合的に取り組む組織体として、一つのモデルを提示したものでした。「宣言」の一つは、「会則」の第二条（目的）に当たり、本会の目的が仏教を基底とする時代の要請に応えた社会事業の実施にあることをうたっています。以下、「宣言」の二は、「会則」第三条（事業）の第一項、「宣言」の三は、「会則」第三条第二項、「宣言」の四は、「会則」第三条第三項にそれぞれ対応しています。

そこで、本会の当初における事業計画ないし事業構想について紹介してみましょう。先の「会則」第三条の第一項から第五項には、本会の目的を達成するための各種事業（仏教に基づく啓蒙活動・宗教施設の改善および新設・総合的社会事業・各種の会合）が載せられており、その範囲のきわめて広域にわたっていることが知られます。そして、すでに椎尾は発会式に先立つ大正九年一月九日の『教報』において、「名古屋は已に一五ヶ年計画を以つて全寺院の改造運動に着手している」といい、さらに「現代的設備を施した宏大なる葬祭場の建設、二万坪の共葬墓地等には既にその土地も定った筈である。其の他、図書館、屋外娯楽場、工場伝道、工場組合、市青年団に対する具体的訓練、仏教青年会、別時念仏道場等、時代適応の施設は着々その歩を進むる事になっている」と、かなり楽観的ともいえるような展望を披瀝していますが、こののち実際どうであったかは後述にほぼ明らかです。なお、このときの椎尾の発言の中には、名古屋寺院の集中統廃合計画がうかがわれ、十五年後には建坪のみから見ても一カ寺当たり現在寺院の三倍に拡充されるから、寺院数は減少しても、各所に適切に配置された旧に三倍する寺院が十分機能すれば、その勢力は今よりはるかに大きいものとなる、と断言してはばからなかったのです。

次に、これまで見てきた慈友会発足の波及効果ともいうべきことがらについて、その一端を紹介しておきましょう。実際、本会による総合的な改造計画が発表されると、全国各地の諸寺院から改造の具体的方法について問い合わせが殺到したといいます。名古屋における同会の発足は、東京・大阪・京都などの大都市寺院に対して熱烈なインパクトを与え、それぞれの地で改造論議が沸騰していった模様です。たとえば、東京の浄土宗寺院にあっては、青壮年層の間に起こった「月曜会」が、寺院制度並びに寺院分布の改造をめざして調査会を発足させたと『教報』大正九年一月三十日号で伝えています。[36] 同年三月二十六日号に掲載された匿名の「改造途上にある東京寺院」と題する論説は、浄土宗の寺院僧侶を対象にかなり思い切った改造案を提示しています。

すなわち、寺院機能を修道、祭式、布教、社会事業の四類に分け、特定の中央集権の下か、あるいは協同の改造同盟の下に寺院収用権を行使して、府下の四九八カ寺を適宜廃合し、寺院数を三分の二（三三〇カ寺）に減らして適正に分布させる（各行政区域の面積・戸口等を参考とする）。そして、その三三〇カ寺を四類に地域別に案配し（表を掲載しているが省略）、もしこのようなことが実現すれば、九四の伝道機関と一二〇の社会事業とが活動することになるから、寺院の存在意義は認められるようになるというものです。さらに僧侶についても、東京寺院在住の僧侶を五〇〇人と仮定し（住職者の数は四〇〇人）、そのうち五〇人が修道生活をなし、一五〇人が葬式法要等の祭式に任じ、他の三〇〇人中一〇〇人が伝道に、二〇〇人が社会事業に奉仕することとしたら、僧侶生活は社会的に相当の価値あるものとして認識されるだろう、と言っています。絵に描いた餅で実現はされなかったにしても、こうした過激な寺院改造案が提出されて不思議ではない時代状況におかれていたことに留意しておきたいものです。

翌年になると、『教報』大正十年二月十一日号には、大阪市の「寺院開放」が、同年九月九日号には、東京市の「社寺開放」がそれぞれ報道されています。むろん寺院の開放を実行した地域はほかにもありますが、ここではこの二例に限って紹介しておきましょう。前者は、大阪寺院が漸次開放の実を示しつつあり、大阪市役所教育部が市内各宗寺院代表者からなる大阪仏教各宗連合会と協定し、寺院を「公休日等の機会に於て青年其他一般市民の修養及び慰安に資する」ため、「寺院の開放」と題する四カ条からなる印刷物を市内各学校、青年団、会社、商店、同業組合、湯屋、理髪店等に至るまで配布して、十分便宜をはかるよう通牒を発した、というものです。ここに至る経過を見てみますと、大阪市では大正九年十一月、市内の神道・キリスト教・仏教の三派代表者をそれぞれ別々に招き、社会教育事業について懇談会を催しました。このうち仏教に関しては、十一月四日、各宗仏教連合理事会を開き、「市民教化事業と関連する寺院開放の意義如何」と、「公休日に対する寺院の適切なる施設如何」を協議し、翌年に至って既述のように寺院開放（神社・教会も同様）が実現をみたわけであります。[37] ただしこの場合、社会教育の振興をはかるための社会教育施設として位置づけられています。

後者は、東京市が社寺の境内および殿堂を社会施設として活用したいと希望し、「社寺利用問題調査委員会」を設け、「寺院はなるべく住職・檀家総代と協議の上、学校・社会事業家とも連絡をとり、左記事項に利用の途を講ずること」として、「イ　講演会・修養会・慰安会等を時々開催すること、ロ　必要により児童若くは子守徒弟のため日曜学校を設くること、ハ　託児所其他適当なる社会事業等に利用すること、ニ　非常災害の場合に避難所に利用すること」などの決議事項を記した印刷物を一般に配布したのでした。[38]

こうした一連の動きは、上記したように行政側の要請なり勧奨――行政指導――に促された受け身の面が少なくないとはいえ、慈友会に見られる名古屋寺院の改造運動と決して無関係なものではなかったと思われます。行政側の意図とは別に、慈友会が大都市寺院に与えた波及効果としての要素を見逃してはならないでしょう。

（4）　草創期の諸事業とその後のあゆみ

慈友会の諸事業を年次順に整理したのが次頁の**表3**です。

この表からも知られるように、多くの事業は大正十一年（一九二二）頃までに手がそめられており、当初の計画が徐々に実施されている様子がうかがわれましょう。以下、順を追って紹介しますが、なにぶん昭和六年以前の事業実績については、今のところ『愛知県社会事業年報』（一九二五年、愛知県編）、『名古屋市私営社会事業概要』（一九二八年、名古屋市編）等に若干の記載があるほか、『教報』に散見する記事に手掛りを求める以外に手立てがありません。よって以下の記述は多くを『教報』に依らざるをえませんでした。

①社会事業研究生の養成。本会の事業計画を実施に移していくためには、まず従事者の養成が必要です。そこで、大正八年度中に広瀬英俊・堀田貫成の両人を東京築地の社会事業研究所へ、翌九年度に玉腰孝俊・渡辺教順両尼を京都女子社会事業研究所へ、同年九月から三カ月にわたり真野耕雲を東京労資協調会研究会へ、それぞれ派遣し人材育成に努めています。

表3　慈友会の社会事業一覧

	事業種別	発足年月日	所在地	備考
1	歳末慈善鉄鉢部	大正８年12月		大須観音仁王前、広小路栄町伊藤デパート前、広小路通り桑名町角、江川通り円頓寺筋角、秋葉縁日、門前町大光明院明王縁日など市内６カ所で実施した
2	研究視察部	大正８年		社会事業研究生の養成
3	市民娯楽場	大正９年２月	東区山口町相応寺境内	
4	職業紹介所	大正９年６月	中区下広井町1-80	昭和７年３月廃止
5	定期宗務研究部	大正10年10月	中区南大津町伊東銀行支店楼上	毎月１回実施。のち宗教研究講演部となる
6	少年補導部	大正10年10月	中区梅川町梅香院蓮友コドモ(少年)会 中区白川町法蔵寺明照コドモ(少年)会 東区東門前町西蓮寺蓮栄コドモ(少年)会 東区平田町平田院みどりコドモ(少年)会 東区筒井町宗心寺四恩コドモ(少年)会 西区千歳町崇徳寺光明コドモ(少年)会	市内６カ所。のち慈友会少年部、建中寺境内へ移る
7	児童遊園地	大正11年６月	中区白川町光明寺境内 中区白川町養林寺境内	
8	保育園	大正11年11月	中区牧野町願王寺境内	現･慈友会､牧野幼稚園
9	本宗墓地新設		八事市営墓地隣接地	18.455坪
10	幼稚園	昭和２年４月	東区筒井町1-4建中寺境内	現・建中寺幼稚園
11	母子寮	昭和８年７月	東区筒井町1-4建中寺境内	付帯事業として託児所、人事相談所、小集会所、方面委員会事務所､授産､職業紹介。昭和20年２月中止
12	不良少年保護	昭和９年４月	東区筒井町1-4建中寺境内	戦後、養護施設「慈友学園」となる
13	東部保育園	昭和９年４月	東区筒井町1-4建中寺境内	
14	その他	大正10年３月26日～30日	愛知県会議事堂	社会事業講習会実施。県社会協会後援

＊住所はいずれも名古屋市

②歳末の（方面調査）慈善鉄鉢等の救貧活動。その先駆的活動として、明治四十四年（一九一二）以来名古屋浄土宗寺院（布教団の周旋による）貧民施餅事業（毎年一月四日市内寺院からお供餅を集め、五日に市内貧民に施餅を挙行）の実績があります。本会における慈善鉄鉢は、まず大正八年十二月に他団体（一声会）への協力というかたちでスタートし、翌九年十二月から恒例化しました。この年は十日から十九日まで市内五カ所に全浄土宗寺院を動員して実施されました。そのときの模様を『教報』大正九年十二月二十四日号は、「今回は円頓寺方面市内西区の人出多き処には尼僧寺院全部大挙して此の美挙に参加せるは頗る頼母敷《たのもしき》事にして、爾《し》かも其成績は男僧寺院より優勢なるは如何に婦人運動の効果の多きを証するものにあらずやとの評高く、全国殊《こと》に都会地の尼衆寺院の覚醒を促したきものなり。決して尼衆の従来暗黒裡の生活に終らしむるべきにあらざるを知るべし」と、尾張地区に多い尼衆の積極的活動を伝え、さらに、「昨年青年団は一二月一〇日より挙行、救世軍は一二月一五日よりなりしに、本年は矢張慈友会に競うて一〇日より同じく開始し、広小路通り大須方面は救世軍と対抗して仏基両教徒の腕比べの観ある事とて、世人は頗《すこぶ》る興味を以て視つつありて、他市に見るべからざる活気溢れつつあり」と興味深い光景を報じています。浄財は一日平均金三十円以上に達していたようです。

表4　職業紹介所の実績

	大正9年後半			大正10年1月〜3月末日まで			大正10年4月〜6月末日まで			総計
性別	男	女	計	男	女	計	男	女	計	
求人数	479	102	581	197	10	207	411	40	451	1239
求職者数	280	5	285	132	3	135	211	9	220	640
紹介人員	238	7	245	131	2	133	232	4	236	614
就職者数	82	1	83	62	1	63	127	4	131	277
未登録者			350			83			179	612

＊未登録者とは、来所した求職者のうち登録しなかった者。『教報』大正10年9月2日号掲載記事より作成。

③市民娯楽場。いわゆる「寺院開放」そのものであって、大正九年二月、市内東区山口町相応寺境内の一部を市民娯楽場として公開したものです。特に庭球コートを設け市民体育の向上と寺院の公共物たる本義を明らかに示した例です。なお漸次適当な寺院について、市民の共楽修養に資するよう取り組んでいます。

④職業紹介所。大正九年六月四日から市内中区下広井町に開設しました。先に社会事業研究生として東京築地社会事業研究所で研修を受け帰郷した広瀬・堀田（後に所長に佐藤肇之を迎え、山野弁良・田代道源・加藤諦進らの青年僧が担当）の両人が失業問題に当たり、相当の成績をおさめています。今参考までに、スタートした大正九年後半期から同十年六月末までの成績を**表4**に掲げます。なお、本紹介所は同十一年一月九日、職業紹介法による紹介所の認可を受けました。

⑤社会事業講習会の開催。これは大正十年三月二十六日から三十日までの五日間、愛知県社会協会の後援のもとに愛知県会議事堂において開催されました。
応募者は一府七県より四七〇名の多数に達したといい、最終の参加者の職業は**表5**の、また府県別では**表6**の通りです。講師陣には京都帝国大学教授・中島玉吉、法学博士・小

表5　社会事業講習会の参加者（職業別）

職業	人数
警部	3
警部補	1
巡査	41
官吏	12
郡書記	4
市町村吏員	14
専売局長	3
陸軍属	12
農学校教諭	2
僧侶	148
神職	2
牧師	1
医師	2
会社員	2
新聞記者	2
学生	10
保母	4
教員	25
青年会員	1
商業	20
農業	3
社会事業経営者	14
無職	3
その他	8
計	337

＊『教報』大正10年4月1日掲載記事より作成。元データの計は326となっており、「無職」「その他」を除いた数字と思われる。

表6　社会事業講習会の参加者（府県別）

愛知	314
滋賀	2
静岡	1
福井	2
大阪	1
三重	2
長野	1
岐阜	3
計	326

＊元データは表5と同じ

河滋次郎、内務省斉藤事務官、東洋大学教授・高島平三郎、帝国大学社会事業調査主任・矢吹慶輝、前内務省地方局長・協調会理事・添田敬一郎、それに椎尾が加わる錚々たる顔ぶれでした。午後一時から五時までの本講のほかに、婦人問題・労働問題・児童問題に関する夜間科外公開講演（三日間）や懇談茶話会、市営社会事業施設と名古屋監獄の見学をも実施し盛況でした。時宜を得た内容であったせいか、短時間でしたが受講者に好評を得た模様です。なお、開催期間中、浄土宗尾張教区の尼僧たちの熱心な受講ぶりが注目を集めたといいます。慈友会の講壇的社会事業として脚光を浴びるに値する事業だったのではないでしょうか。

⑥青少年補導。まず市内西区第一・第二の青年会、西区在郷軍人各分会、中区鉄砲町付近店員定休日修養講演、鉄道除機関庫寄宿舎等に修養講演を行うほか、**表3**に見える六カ所で少年の宗教的教化事業を行っています。春秋二度の大会と四月の花祭り、八月の魂祭り、十月の忠魂祭などが代表的な行事でした。

このほか慈友会の活動として、大正十二年五月十六日、社会事業費を得る目的で市内御園座にて慈善演芸会が催されています。[39] さらに見逃せないのは、九月から十月にかけての関東大震災に対する救援活動です。本会の幹部は災害の突発とともに次々と上京し、椎尾と打ち合わせのうえ活動方策を決め、浄土宗名古屋教務所と連携して活躍しました。彼らは上野池の端の松坂屋仮事務所を本部とし、増上寺並びに松坂屋焼跡に出張して通信代書、黒本尊御影授与、職業紹介（名古屋市と連絡をとって）、各種慰問等を行い大きな実績をあげたといいます。また名古屋市内では慈友会員五名ずつ一体となり、メガホンを持って信仰上、思想上、経済上、国策上より適切なアナウンスをなし、同時に救恤《きゅうじゅつ》品の募集を行っています。そのほか本会では罹災寺院に対して金五円宛葉書などを持参し慰問に努めています。慈友会主催で震災救恤に関する椎尾の講演が県会議事堂で行われたのは十月五日のことでした(40)。

以上のほかにも大正期に開始された事業はありますが、残念ながらその活動を語る資料に乏しいのが現状です。そこで、残存する昭和七年（一九三二）以降の慈友会所蔵資料(41)によりながら、昭和戦前期における慈友会事業の推移を概観しておくことにします。まず、大正期にスタートし、昭和八年段階で活動を続けていた事業は、保育園、宗教研究・講演部（旧定期宗教研究）、視察研究部（旧研究視察部）、児童教化部（旧少年補導部）の四つであり、昭和に入ってからの新規事業は幼稚園、母子寮、東部保育園、慈友学園の四施設です。ことに昭和七年三月には、現下の社会情勢に鑑み創設以来十二年の歴史をもつ職業紹介所を廃止しましたが、翌八年七月、時代のもっとも要求する社会施設として母子寮を開設し、貧困寡婦・乳幼児の収容保護並びに乳児保育に手をそめました。そしてさらに九年四月、少年法による少年保護団体慈友学園の設立をみたのです。

慈友会は昭和十三年五月、財団法人の認可を得ますが、初代理事長には幹事長であった椎尾が就任し、理事には飯尾弁重、堀場諦禅、真野耕雲、伊藤松之助、清水太助、八神幸助の六人が、監事には高橋正彦、佐藤義彦の両人がそれぞれ名を列ねています。母子寮は昭和二十年四月に寮舎の約半分が強制疎開を受けるに至って事業が断たれましたが、慈友学園の方は戦後の児童福祉法により昭和二十四年四月、養護施設慈友学園と生まれ変わって現在に至っています。

最後になりますが、ここで椎尾の提唱による共生運動との関連性について若干ふれておきます。椎尾によれば、共生会成立の直接の由来はこうです。男爵福原俊丸宅で大正四年頃から「二灯会」が開かれ毎月求道の会合を行っていたところ、大正六年十二月、いつものように会合に出席した椎尾は、このとき参加者の一人から大正天皇が日本の現状を憂慮されているとの話を聞き、自身深く決するところがあったといいます。大正七年、期せずして二つの国民覚醒運動が起こってきました。その一つは、浄土宗の山下管長が時局を憂慮して、二月二十七日伊勢の大廟に参拝し国民覚醒運動の所志を表明し、さらに祖山知恩院において奉告大法要を親修し、一般に趣旨を明示して多くの賛同を得、全国的に展開した時局伝道であり、今一つは、渋沢栄一、添田敬一郎らによる経済的覚醒運動でありました[42]。

このような状況下にあって、椎尾はまず教育界の奮起を求めましたが、教育界はそうした国民運動に蹶起努力する訓練ができていません。また政治上にこれを求めても世界戦争の取り扱いにふれる国際関係のためにできない話です。そして諸宗教連合ということにしても、一場の宣言決議ならばできますが持続的運動は困難です。そこで、「まず一宗をあげて時局覚醒の運動に着手し、五条七件の要目に基づき正義、業務、時間、節約等の項目について仏教信仰上また国民生活上からいかに処すべきかについて極力覚醒に努力いたしました。これが共生運動の起源ともいわれるべきものであります[43]」と、共生運動の出発点について述べています。

こうしてみますと、椎尾の共生運動は、大正七年の国民覚醒運動、とりわけ浄土宗の時局覚醒の運動に端を発しているもので、その意味では慈友会設立の契機と同根であると言えます。ただし、共生運動は大正八、九年頃から起こってきた各種の修養運動（椎尾は、修養団、一灯園、希望社、協調会、労務者講習会などを挙げている）の欠点を改良し、「真個の修養目的を達せしめるとともにわれわれの信ずる信仰の上に進まんとした[44]」修養運動の一つであって、社会事業を直接の目的とする慈友会とは性格を異にしています。しかも、共生運動が具体的な形をともなってくるのは、大正十一年の第一回共生結衆からですから、ごく初期の慈友会の活動に共生運動が組織的に関係をもつことはありえないことです。

（5）おわりに

大正期には、寺院の社会化・開放化ないし寺院社会事業をめぐる言論は頗る多かったのです。そうしたなかで、たとえば浄土宗が、大正十二年（一九二三）三月、開宗七五〇年を記念して、宗務所社会課の編纂にかかる『寺院中心の社会事業』を発行したのは象徴的なできごとです。またこの時期には、社会資源としての寺院を社会の改良に大いに役立てるべきだという主張が教団外からも出されてきます。その代表格として、内務省地方局社会課の初代課長であった田子一民が、『学校寺院を原動力とする社会改良』（大正九年八月発行）を著し、社会改造の原動力を寺院に求め、僧侶に期待をかけていたのはすでにふれた通りです。こうした論説は、明治以降の仏教近代化の過程で、心ある仏教者に存在した共通認識を踏まえたものであると同時に、この期の内務行政にみられる寺院（神社）活力導入策の方向を示してもいましょうが、一方でやはり大正七、八年を中心とした「改造運動（論）」と密接な関連があると思われます。言い換えれば、深刻な社会問題の発生と思想的外圧を契機として、政策的・行政的要請と仏教界における内省的思想的要請、すなわち教団内外からの要請と下からないし内からの要請に突き動かされ、寺院の社会化・開放化を促進せしめていった、ということではないでしょうか。

とくに仏教界における危機意識（たとえそれが一部の層に限られたとしても）は、寺院・僧侶をして「改造」に立ち上がらせたのであり、その際、寺院改造の旗手として宗門内外の注目を集め、高い評価を得るに至ったのが慈友会であります。[45]そしてそれが、単一寺院の行う社会事業ではなく、七〇カ寺に及ぶ寺院とその檀信徒とを総動員した協力一致組織であり、[46]寺院の覚醒・開放の運動体として、圧倒的な影響力を有したところに意義を見出すことができるでしょう。

3　長谷川良信の寺院社会事業論

（1）　社会事業と社会運動の違い

本章では、すでに言及した内容と重なる点もありましょうが、大正・昭和期における代表的な寺院社会事業の提唱者であり、かつ実践者であった長谷川良信の寺院社会事業論の概要を紹介し、現代寺院の福祉実践、あるいは社会貢献の活動に多少とも参考になればさいわいです。なお、ここで取り扱う文献は、昭和七年（一九三二）九月浄土宗社会課発行の長谷川の筆になる小冊子『寺院を中心とする社会事業』です。

長谷川は日本の寺院史について、鎌倉時代までは社会事業の遺跡を多く有していたが、それ以後、ことに徳川時代に入ると次第にその公共的性質が失われ、社会から遊離した第三者的立場をとるようになり、民衆のものとしての影が薄くなったとみます。この評価の正否を問うことはひとまず措くとしても、寺院に社会公益的立場を求め、「民衆を護るべき立場」すなわち「寺の大小を問わず、その地区を中心として民衆に親しむ仕事」（長谷川によれば、それはとりもなおさず社会事業の実践にほかならない）をすることが何よりの急務であると主張する長谷川の寺院観には時代を超えて訴えるものがあります。

ところで、長谷川の寺院社会事業論に立ち入るに先立ち、彼が当時（昭和初期）の社会事業の性格をどのようなものとして捉えていたものか、社会運動との比較で再度確認しておきましょう。

現在の如き闘争形態の社会運動のみが、最善であつて、社会事業の如きは不必要だというべきであるが、これは大いなる疑問である。そこで新しい社会事業家は漸進的社会改造にその立場を見出した。それにはやはり現資本社会の中に入って其欠点を改めて行かねばならない。理想社会が出来るまでは今迄の社会事業をやらねばならない。

理想社会の建設を掲げる社会主義・共産主義等の社会運動が一段と激しさを増してきた時期の発言だけに、一歩退いた感なきにしもあらずですが、社会事業を「漸進的社会改造」に見出し、資本主義社会の矛盾欠陥に体制内的改革——社会事業で対応しようとする自らの立場を明らかにしています。社会事業の当面の課題として、①貧苦に悩む下層階級の救済、②一般大衆の幸福増進、③貧富・労資各階級間の融和親善、の三つをあげているのも肯けます。しかも興味深いのは、「私はいつも思う、政治の失敗が社会事業を必要とし、教育産業百般の文化の畸形的偏在が社会事業を起たしめて居る。かるが故に社会事業にはそれ自身の独自な目的はない。目的とする所はより良き社会のすべてであるということだ」と長谷川が告白している点です。『社会事業とは何ぞや』（大正八年〈一九一九〉）を世に問うて社会事業の理念を論じ、マハヤナ学園を創設した頃とくらべて、トーンがだいぶ変化してきているようにみられます。地を這うような実践に身を置く民間社会事業家ならではの言というべきでしょう。

（2）隣保事業の構想

先に、寺院はその所在の地域を中心として社会事業を営むことが急務だと述べた長谷川は、その見地から妥当な社会事業の形態を隣保事業に求めたのでした。隣保事業は地域に密着した総合的社会事業として、つとに長谷川が提唱してきたところで、既述のマハヤナ学園をはじめ、寺院隣保事業の実績もあります。以下に、取り組む姿勢、事業のあり方、種類と内容などについて紹介してみましょう。

第一は、住職自らが社会事業家たるの信念と識見を持ち、確信をもって仕事に臨むこと。また社会事業および社会運動の趨勢を知り、社会政策・社会行政の基調としての社会立法を理解することです。

第二は、前記した社会立法の内容や精神に通暁すると同時に、進んでより適切な立法化のために努力し、運動するぐらいでなければならないとするものです。

第三は、寺院社会事業の基礎として、地区の社会調査をなし、地区町村の生活事相に通暁すること。また寺院として、檀信徒の家族調査を行うこともその保護・相談の基礎となることです。

第四は、教育部の設置です。寺院隣保事業の主力は教育教化の機能にあるとの考えに基づき、母性教育と児童教育の二部からなり、前者は在来の婦人会、処女会、観音講、地蔵講、裁縫塾、お花やお茶の指南などの集会を新たに組織化して、母親学校、女学校、学芸講習会、各種婦人倶楽部等にグレードアップさせ、さらに「現時の婦人運動に宗教的指南を施すようにしたい」としています。後者では、次代を担う児童中心の教化の組織化と徹底をはかることで、宗教的教育が隣保事業の中心であり眼目でなければならないとします。具体的には学齢児童に対する宗教教育の組織と仏教的指導原理の確立、教材その他の資料提供や方法論の統一。幼稚園または託児所の付設、心身障害児教育のほか、「少年団・青年団の機能を寺院中心に宗教的に発展させ更に理想としては青年運動の中枢的位置を把握するよう進めたい」としています。

第五は、経済部の設置です。「洋の東西を問わず歴史上宗教及び寺院教会が威力を発揮したのは実に寺院及僧侶がその時代に於ける生産消費等の経済問題に微妙なる指導力を把持していた時代であったことが証明されている」との立場に立ち、「住職が今日の職業生活の社会的価値を高潮して、職業問題の指導権を握り、或は自ら産業組合の理事者としての修養を積み、或は消費組合等の運動を具体化し、或は小資金額《(融)》の衝に当り、或は簡易なる授産とか副業の設備を寺院に開設する」といった農民や労働者の伴侶として、その経済生活に応分の働きをなすよう求めました。その際有力な具体的方法として提示されたのが、寺檀関係の再組織化によって寺院の財的経営を協同組合化することでありました。この点、いわゆる寺院セツルメントではありませんが、長谷川より一世代若い同じ浄土宗から出た林文雄は、大阪の四恩学園において昭和四年、勤労無産大衆と共に消費組合を誕生させ、翌五年から本格的な組合型セツルメントをスタートさせています。こうした事例も長谷川の脳裡に刻まれ、参考となったものと察せられます。

第六は、保健部で、「寺院の清浄を及ぼしてその地区町村を浄化すること」が目ざされています。具体的には、町内の美化運動から上下水・台所・便所の改善にはじまり、乳幼児健康相談や妊産婦保護、伝染病ごとに結核や寄生虫・トラホームなどの予防救治、さらにスポーツ等にも及んで、境内が遊園地または運動場として活用されることが求められています。

第七は、芸術部で、「殿堂を利用して、芸術の府たらしめること」とした佐伯祐正による大阪の光徳寺善隣館の事業に示唆を得たといいます。絵画・彫刻・歴史資料のほか、寺院音楽・宗教劇・宗教舞踊・謡曲仕舞などによって、「教苑に優雅の風情を添え教化の一要素とすることは極めて容易なこと」としました。

第八は人事相談部で、従来から実施されてきた活動です。煩悶の解決、縁談の取りまとめ、債務の言い訳、労資の葛藤、職業の指導紹介、子弟の養育など、すべて人事相談によって途が開かれます。そのような意味では、長谷川は人事相談を「寺院社会事業の総ざらい」だと言っています。今日、浄土宗報恩明照会が全国の浄土宗寺院に呼びかけている「心といのちの相談所」の開設につながるものではないでしょうか。

以上が、長谷川の提示した寺院の社会事業（隣保事業）の概要です。本書の末尾に長谷川は、寺院が社会的に役立たないならば、その存在の価値はないとまで言い切り、たとえ経済的に疲弊した小寺であっても「畢竟自覚如何の問題」で、寺院を活用しようとの意志があれば、必ず檀信徒や町村民の助力は得られるものだと、檄を飛ばしています(47)。この冊子が発行された頃、寺院社会事業は新しい局面に入り始めます。前章でふれた反宗教運動のような外圧は、宗門や寺院生活者に対し、既成の寺檀ないし師檀の関係の世界にとどまることを許さず、資本主義社会そのものが構造的に生み出す社会問題とその解決に目を向けさせます。いわば「社会的覚醒」の重要な契機ともなったのです。

ちなみに浄土宗では、長谷川らの提唱もあって「一寺院一事業」のスローガンを掲げるようになりました。このスローガンの目的は、寺院が社会から遊離するのではなく、むしろ社会に進出して役立つことをアピールし、それぞれの寺院の社会的価値を高めることにあったのです。ここでいう一事業の中身に、上述のような各種事業が含まれることは言うまでもありません。この提唱によって、各地の浄土宗寺院では多種多様な事業が実践されることになりました。別章で時期区分したように、大正八年（一九一九）前後を第一期寺院開放（運動）の始まりとみれば、同書発刊の昭和七年頃から第三期寺院開放（運動）の段階に入ったものとみてよいでしょう。

註

（1）拙稿「大正期の「寺院改造」運動における慈友会の社会事業」（『仏教福祉』一五号、一九八九年三月）および『社会福祉法人マハヤナ学園六十五年史・通史篇』序章（マハヤナ学園発行、一九八四年十月）等参照。なお、戦前期における仏教（寺院）社会事業の積極的取り組みの主要な理由について、小室裕充は「地主階級としての寺院の性格、反宗教運動からの仏教批判、体制側からの宗教利用と統制」の三点をあげている（『近代仏教史研究』同朋舎出版、一九八七年六月、一九七～一九九頁）。

（2）『救済研究』九巻一一号（一九二一年十一月）九〇頁。

（3）大原社会問題研究所編、一九二二年版、一〇七頁。

（4）同上書、一九三三年版、三〇八頁。

（5）長谷川良信選集刊行会発行『長谷川良信選集』下（一九七三年三月）四九頁。

（6）吉田久一『日本社会事業の歴史（全訂版）』（勁草書房、一九九四年一月）一六六頁。

（7）川上賢叟『寺院と社会事業』（智恩院社会課発行、社・教叢書第五輯）一二、一二三頁。

（8）『私設社会事業』八〇号（一九三九年十一月十五日）、および同一〇五号（一九四二年四月十五日）参照。

（9）菊池正治「仏教寺院の地域解放とセツルメント——佐伯祐正と光徳寺善隣館——」（『仏教社会事業研究年報』三、一九八六年）所引の佐伯祐正『宗教と社会事業』（顕真学苑出版部、一九三一年）。佐伯については改めて後述するが、菊池論文に因るところが大きい。

（10）杉山博昭「下関仏教同盟済世会の社会事業」（『山口県地方史研究』六四号、一九九〇年十月）五二～六三頁。
（11）中央社会事業協会編『全国社会事業名鑑』（一九三七年版）上（社会福祉調査研究会編『戦前期社会事業史料集成』一二所収、日本図書センター、一九八五年四月）参照。
（12）拙稿「千葉県仏教社会事業協会の設立とその活動」（『千葉県社会事業史研究』四号、一九八一年三月）六～三六頁。
（13）安田については、拙稿「安田亀一」（田代国次郎・菊池正治編『日本社会福祉人物史』上、相川書房、一九八七年五月）、黒沢正一「千葉県方面委員事業における人物史研究（一）――安田亀一と宮崎識栄を中心に――」（『千葉県社会事業史研究』二四号、一九九六年十月）を参照されたい。
（14）この時期の「寺院社会事業」に関する論説は枚挙にいとまがないが、さしあたり以下のものをあげておきます。長谷川良信『寺院を中心とする社会事業』（浄土宗務所社会課・教学週報社、一九三一年九月）、岡田周造「寺院と社会的施設」（静岡県社会事業協会『会報』四号、一九二二年三月）、長谷川如是閑「寺院の社会事業に就て」（『宗教と思想』三巻四号、一九二五年）、万沢誠澄「寺院と社会事業」（石川県『社会改良』七号、一九二八年六月）、「寺院を社会事業に開放」（満州『社会研究』七巻一一号、一九二九年七月）、足立生「神社仏閣を中心とする社会事業の一班卑見」（『山口県社会時報』七三号、一九三〇年十月）、田村克己「農村寺院の社会的進出」（『社会事業』一五巻二号、一九三一年五月）、足立文男「神社寺院と児童遊園」（『山口県社会時報』八三号、一九三一年八月）、野村泰岳「寺院と社会事業」（『社会事業研究』一九三一年十月号）、相

川勝六「寺院と社会事業」（京都『社会時報』二巻六号、一九三二年六月）、稗田実言「寺院と社会事業」（『山口県社会時報』一〇六号、一九三三年八月）、安富賢亮「寺院の社会事業」（『北海道社会事業』二七号、一九三四年七月）、大森公亮「寺院社会事業の経営に就て」（『社会事業』一九巻二号、一九三五年五月）、高浜哲雄（大谷派本願寺社会課長）「寺院と社会事業」（石川県『社会改良』一六号、一九三六年五月）、打尾忠治「寺院中心隣保事業」（『社会事業研究』一九三六年十二月号）、佐伯祐正「寺院と社会事業（一）～（三）」（『静岡県社会事業』一九三七年五月、八月、九月号）。

（15）　主な著作としては橋川正『日本仏教と社会事業』（丙午出版社、一九二五年六月）、辻善之助『慈善救済史料』（金港堂書籍、一九三二年六月）、浅野研真『日本仏教社会事業史』（凡人社、一九三四年十二月）、谷山恵林「仏教社会事業史」上下（仏教大学講座・仏教年鑑社、一九三三年十一月、一九三四年六月）などがあげられよう。

（16）　智山派教化事業連盟発行『智山派各種事業要覧・第五輯』（一九三六年度）二～六頁。

（17）　このように教団が寺院社会事業を奨励する際には、布教・教化の手段として位置づけられる場合が少なくありません。しかし単なる手段にとどまるだけならば寺院社会事業の意義は半減するでしょう。そこには独自の意味づけが求められます。その点で山崎精華が「寺院本来の活動は法施活動であつて、即ち精神活動である。社会事業は財施活動即ち物資を与ふる事業である。故に寺院としては社会事業を行ふは教育事業と共に附帯事業である」としながらも、「宛《あたか》も外国の社会事業が殆んど教会の手によつて行はれ、ＳＴの名が冠せられてゐる如く、寺院によりて行はる、ときその事業は浄化するのである。即ち寺院は先づこの思想を社会に普及して、社会事業家が政策的に寺院を利用するという思想を棄てしめて仏陀の光によつて斯業の浄化と完成を期するという自覚を促すのである」（仏教大学講座『現代寺院と社会事業』仏教年鑑社、一九三三年十一月、一六頁）と述べて、即物的な社会事業に、寺院（仏教）が媒介することで新たな価値が付与されるとみているごときは重要です。

(18) 田子一民著、九頁。

(19) 同上書、九頁。

(20) 同上書、三一七頁。

(21) なお生江孝之「寺院中心の社会施設――農村社会事業其の五――」および「学校中心の社会施設――農村社会事業其の六――」（『斯民』二〇巻二号、三号、大正十四年二月、六月）も田子の考えを継受するものがあります。

(22) 長谷川良信「宗教に於ける教育及び社会事業」（『長谷川良信選集』上）五二六頁。

(23) 前掲註（9）菊池論文参照。

(24) 佐伯祐正「寺院を中心とする社会事業」（『社会事業』一九巻二号、一九三五年五月）四二一頁。

(25) 長谷川良信『社会事業とは何ぞや』（『長谷川良信選集』上）八八頁。

(26) 同上『隣保事業の現在及び将来』（『長谷川良信選集』上）六〇九頁。

(27) 同上書、六一三～六一四頁。

(28) 長谷川良信「浄土宗社会事業概観」（浄土宗務所社会課発行『浄土宗社会事業年報』一九三四年

九月）四〇頁。
(29) 前掲註（9）菊池論文参照。
(30) 註（24）論文、四四頁。
(31) 同上論文は、副題をこのように記しています。
(32) 鹿野正直『大正デモクラシーの底流――〝土俗〟的精神への回帰』参照。
(33) 大正七年三月、浄土宗山下現有管長より時局に対し、国民覚醒運動の提唱（訓示）があり、全国的に時局伝道が開始され、翌年十月にも時局特別伝道が行われました。名古屋市での特別集中伝道は、百万遍知恩寺の中島法主、椎尾、伊藤特命巡教使の指導に基づいて行われ、ことに「青年知識階級」を対象とした夜間大授戒会は受者五百余名の多きに達しました。また各方面に戦後経営の重大なる自覚を促し、寺院檀信徒一大結束して社会事業に奮起せしむるよう勧められたのです。
(34) 『浄土教報』一九一九年十二月十九日号。
(35) 同前、一九二〇年三月十二日号。
(36) 東京の浄土宗青壮年僧侶の間では種々の改造案が出されていた模様で、『浄土教報』一九二〇年一月一日号には、「或は一宗当路が公債を募って全寺院を買収し絶対的中央集権の元に俸給制度を以って改造を計るべしと云ひ、或は各寺院にその収入に相応する債券を与へて大々的分布法を施し、各区一二カ所に総ての布教社会事業を為し得る集中的寺院を作るべしと云ひ、其の他檀信徒、墓地等との関係交渉に就き種々多様の具体案の説示を見、上下一様に脳漿を絞りつゝあり」と見えます。一方、大阪・京都の浄土宗寺院については形勢観望の様子を伝えています。

(37) 大原社会問題研究所編『日本社会事業年鑑』大正十年（一九二一）版、二五頁および同書大正十一年版、六三〜六四頁参照。

(38) 寺院開放については、前掲『日本社会事業年鑑』大正十一年版が引いている『中外日報』（大正十年二月八日号）社説に、次のような本質論的批判があったことにも注意する必要があります。「数おほき僧侶をいかに生かすかといふ問題の前提として、数おほき寺院をいかに利用し活動せしむべきかは、たしかに大きな問題に触れて居る。仏教寺院の現状は殆んど無意味な存在である。だからこれを利用して社会運動なり、種々の公益事業に開放するのはたしかに一個の着眼である。けれども寺院の本来の理由は宗教的である以上、且つ文化生活のうへに宗教がますます緊要なる以上、宗教的生命の復活を企つることを忘れてはならない。吾人は敢て寺院を執着しない、寺院は打破していゝ、けれども宗教を無視してはならない、宗教を無視しないとき、寺院の利用はその宗教的純化であるべきだ、濫りに他に利用してはならぬ」。

ちなみに、大正十一年版から十三年版の『日本社会事業年鑑』には、その前後に見られない「宗教と社会事業」の章が別立てされています。このことは、その内容・実績に見合って、大正十年前後の時期に宗教関係、とりわけ仏教関係の社会事業が興起してきたことを裏づけてもいます。

(39) 同上書、大正十三年（一九二四）版、三四四頁。

(40) 『浄土教報』一九二三年十月十九日号参照。

(41) 同会には昭和七年度以降の同会の歳入出予算・決算書、および事業成績報告書等が遺存しています。

(42)『共生の基調』三二二頁（『椎尾弁匡選集』第九巻）参照。
(43)同上書、三一三頁。
(44)同上書、三一三頁。
(45)『浄土教報』一九二〇年一月九日号「社説」に、「道俗一致の改造団体を造る夫の名古屋の慈友会の如きを理想とし」と見え、また『教学週報』一九二六年十一月十四日号「社説」に、「抑々名古屋にては十年来慈友会を中心に、併合分布による寺院改造の声高く、その終始は一般教界より注目の的となってゐたが、今や漸くその第一端緒を具現し来れる」とあるごとくです。
(46)『浄土教報』一九二四年九月二十六日号「社説」によれば、従来、一般寺院と仏教系ないし宗門経営の社会事業・社会教化機関・教育育英機関との間に緊密な連絡協調、相互利用というものがほとんどなく、寺院付属の各種事業にしても、ただその寺の事業というのみで、全寺院との脈絡がなく孤立している、との指摘がなされ、宗門寺院に対し、「此の黎明啓蒙期に際し、先づ宗門各般の現代的施設運動に対する事業上の利用協調」が提起されています。その意味でも地域寺院と檀信徒との組織化のうえに社会事業を展開した慈友会の意義は頗る大きいものがあると同時に、実は今日においても学ぶべきところは少なくありません。
(47)長谷川良信の寺院社会事業ないし「寺院の社会化」の構想は、戦前・戦後を通して自らの実践のうちに多彩な展開を見せています。その諸相は、長谷川が創設したマハヤナ学園から先頃刊行された拙著『社会派仏教者・長谷川良信の挑戦――宗教・社会事業・教育の三位一体による人間開発・社会開発――』（社会福祉法人マハヤナ学園、二〇一〇年十月）に詳しい。

結　語

私たち仏教僧になじみの深い偈文に「四弘誓願《しぐぜいがん》」があります。浄土宗では「日常勤行式」で毎朝唱えているわけですが、どれだけの切実感をもって唱えているかと訊かれれば、答えに窮してしまいます（もっともそれはこの偈文に限ったことではないのですが）。「衆生無辺誓願度、煩悩無辺誓願断、法門無尽誓願知、無上菩提誓願証」と、このように大乗仏教における菩薩の「度・断・知・証」の四つの誓願が述べられています。

若き日の鈴木《すずき》大拙《だいせつ》は、菩薩の誓願が、己が煩悩を断ずるという我がことに先立って、まず衆生の救済をあげていることに気づいて感銘を深くし、渡辺海旭《わたなべかいぎょく》は四弘誓願のうち断・知・証の三誓願は、はじめの「度」すなわち衆生救済のためにある、とまで言っているのです。ここには、解釈論の域を超えて主体のあり方が問われていると見るべきでしょう。

では、主体のあり方を問うという観点から浄土宗の「二一世紀劈頭宣言」（愚者の自覚を、家庭にみ仏の光を、社会に慈しみを、世界に共生を）を受け止めたらどうなるのでしょうか。内容は個の内面の自覚から発し・家庭・社会・世界へと貫かれる念仏宗徒の行動規範が見事に備わっています。そこで私は、たとえば「愚者の自覚」を念仏者の内面的主体性の確立とみなし、「社会に慈しみを」を念仏信仰の外面的社会性の発露と受け止め、この両者は深く響きあう関係にあることが理想だと考えたいのです。なぜなら、己の愚者性を自覚したものは、弱きもの、痛みを持つもの、社会的な弱者へと心が開かれ、その共感が互いの連帯を生む可能性を有するからです。

ところが実際には、念仏者にとって、内面的な信仰の深化が、そのまま現実の社会的矛盾に対する洞察や問題意識に結びつくものではないということも直視する必要があります。多くの仏教者（私を含め）の過ちは、差別の現実から目をそらし、差別を心の問題にすり替えてしまった非論理性にあるのではないでしょうか。あるいは仏教は差別をしない、といったタテマエにとどまり、現実の差別事象を容認したままで宗教的な救いが説かれるという、過ちを犯してきたといってもいいでしょう。

そうした反省に立つとすれば、何よりも欠かせないことは、差別すなわち人権が著しく侵害されている（されてきた）現場に学ぶという姿勢と行動です。ある方が、「差別問題の超克は、理屈や知識ではなく、交流とその中で芽生える共感しかない」と言っていましたが、本質を突く言葉です。そしてその時の「共感」あるいは「共苦」の内実こそが信の深まりに規定されるというべきでしょう。また、信の主体としての個人は、どこまでも現代社会の一員であり、社会を理想に変えていく実践主体でもあることの自覚が肝要です。私の内面の救いが、自ずから私を含む私たちの社会の救いを要請する――自利と利他が離れない――大乗仏教のあり方こそ、改めて捉えなおさなければならないでしょう。

ひとまず以上のことを念頭において、以下、本書の冒頭で掲げた四つのテーマのうち、第一と第二を中心に内容の整理を行ってみます。

第一は、念仏信仰と福祉実践の関係についてです。関通《かんつう》によれば、福祉実践を念仏の助業として認め、さらにそれを念仏往生後の成仏のための功徳として意味づけ、往生の信決定のうえの福祉実践は雑行とならず往生の助業となるとしています。ただしこの場合の福祉実践は、在家一般に向かって要求されるものではありません。関通自身に即して考えてみれば、その念仏が自ずから福祉実践を可能とし、福祉実践がまた念仏をより促進せしめていく、というような両者の関係を読み取れるように思われます。

次に貞極《ていごく》の見解を彼の施行観を通してみてみます。その前提としては、念仏と大乗仏教の実践体系である六波羅蜜（六度）との関係が重要となります。貞極は浄土宗第二祖・聖《しょう》光《こう》の念仏思想の影響を受けて、念仏に六度の内在化を見ているようです。そこから導き出されるのは、他力浄土門の施行（福祉実践に置き換えてもよい）とは、口称念仏のうちに自ずから施行（の利益）が果たされていくということであって、それはまた念仏者には弥陀の願力（光益）が働いて施心を生ぜしめ、施行が行ぜられていくということではないでしょうか。念仏者の福祉実践が念仏信仰と切り離すことのできない理由を物語っているともいえましょう。

この点は法洲《ほうじゆう》の場合にも当てはまるようで、彼の言説からは、余行としての福祉実践ではなく、（六度を内在化させた）念仏実修の中から湧出してくる福祉実践にこそ念仏者の本領があるというべきでしょう。法洲はまた念仏者に執心のない「随縁の善」としての福祉実践を勧め、その善根を往生のために回向すべきだと説いているほどです。

このようにみてくると、これまでしばしば指摘されてきた福祉実践（その他社会貢献活動を含めて）＝雑行・雑修論がいかに皮相的な見解であるかが知られましょう。とはいえ、念仏（信仰）を離れた福祉実践（その極端な例は、福祉実践は僧侶としてではなく、一社会人としての社会的責務から行うとする考え方）もまた、浄土宗の教団人にとってはこの上なく空虚なものであることを承知しなければなりません。宗教者として、念仏者として、信仰主体とし

て、どのように社会と向き合うかを回避することになるからです。(1)

第二は、教化（布教）と福祉実践の関係です。近代以前にあっては上述の念仏聖の行動からうかがわれるように、教化（宗教的救済）対象が同時に福祉（社会的救済）対象ともなる階層におかれることが少なくなかったため、両者は分かちがたく一体の関係にあったといえます。教化の延長線上に福祉実践があり、福祉実践の延長線上に教化が行われたわけです。それが近代社会事業の成立以降になると、福祉実践は資本主義社会の構造が生みだす社会問題、社会事業問題とその社会的な解決といった制度的な枠組みのなかだけで捉えられるようになり、福祉実践と教化の関係が改めて問われることとなります。

この両者の関係について、今日にあっても示唆を与えるのが若き日の長谷川《はせがわ》良信《りょうしん》の次のような見解です。長谷川は、両者の関係を①方便説（一方を他方の方便ないし手段とみる）、②即一説（一方を他方の一つとみる）、③対立説（両者をそれぞれ独立したものとみる）、の三つの説に整理し、①よりは②の方が進歩しているものの、②も両者それぞれの特色が埋没してしまう失があるとしながら、③の対立説にこそ、両者それぞれの「独尊的、第一義的価値」を認めるものとして、これを支持しています。ただし、「二者の孤立を是とするものではない。二者が相並んで行わるるに於ては益々効果の大なるものがあろう」と、注意を促しているところが重要ではないでしょうか。

この点、キリスト教社会福祉をリードする阿部志郎が、「仏教者、長谷川良信の「セツルメントは宗教的であってはならない。しかし、宗教的態度をもたねばならない。別個であるが、両者は孤立してはならない」の名言に私は共鳴する」(2)と述べていることに、私自身も賛意を表するものです。第二次世界大戦後に登場した新宗教は、民衆の抱える貧・病・争のニーズに応えて躍進を果たしました。その民衆の宗教的ニーズは生活問題としての福祉ニーズと重なり合っていたはずです。また、近年のホームレス、自殺・孤独死、虐待問題など、社会的孤立に関わるような複雑な社会問題の解決には、制度的な福祉対応のみならず、「宗教的態度」(内面的、価値的なもの)に裏づけられた対応――仏の慈悲を届ける、生きる意味を考えるなど――もまた必要となってくるでしょう。現にこうした問題にかかわっている宗教者は少なくありません。

また高石史人が、「およそ、宗教と福祉との関係は、したがってまた仏教と福祉との関わりも、原理的にはそのキリスト教(マザー・テレサの信仰とその宗教的・社会的実践)の場合と同様、仏教を奉ずる人々(仏教者)の宗教的・社会的実践として表出された行為が、世俗の営みとしての福祉を構成するというかたちで開始されたものと、理解されなければならない」とし、奈良仏教における行基の社会救済事業を例として、彼の実践は「その宗教的文脈から離れて、福祉事業それ自体が目指されたわけではないであろう。そうであることによって却って、世俗の論理に回収されない実践が、そこでは可能となったと言うべきであろう[3]」としているのも、一般に福祉事業は時の政治や経済の論理に影響を受けやすいとみられるだけに、仏教と福祉の関係、あるいは仏教者の福祉実践と一般民間人の福祉実践との質の違いを明らかにするうえで示唆を与えるものがあります。

第三は、仏教福祉実践思想の二面性——仏教としての共通性と念仏としての独自性——の活かし方の課題と言っていいでしょう。十分な議論は今後に持ち越さざるをえませんでしたが、糸口として、一つは浄土宗第二祖・聖光の『徹選択集』の思想、すなわち通仏教——大乗菩薩道——の立場から、六度はすべて念仏であるとする捉え方、またその展開としての貞極の念仏施行観に教学上のヒントを求めたいと思います。そして関通が説く「菩薩念仏」（三八～四三頁）の人こそ、上述の二面性を兼備した念仏者というべきでしょう。もう一つは、社会的な実践の広がりを求め、宗派の違いを超えて協働の輪を構築していくためには大乗仏教での連帯が欠かせないということです。近代社会事業の黎明期に仏教者として社会事業界に一時代を築いた渡辺海旭ら浄土宗社会派の僧たちの活動や事業は、現代の私たちに多くの教訓を残してくれています。

第四は、戦前期に活況を呈した「寺院社会事業」から何を学ぶかといった課題です。すでに本論で詳しく言及したように、寺院における多種多様な福祉実践の先例は、そのノウハウを含めて参考とすべきところが少なくありません。ただし、戦前期は行政主導の色彩が濃厚であっただけに、政教分離、信教自由の現代、改めて地域コミュニティーの核としての寺院は、どこまで主体的に福祉実践（あるいは他の社会的な実践）と切り結ぶことができるのか、その真価が問われているのです(4)。

もとよりそれは、単に社会的有用性のレベルにとどまるものではなく、仏教者としての使命感、信仰の発露たる実践が求められます。それでこそ、同様の事業であっても他所には見られない寺院ならではの付加価値を生ずるのではないでしょうか。またそのためにも信仰と教化の策励をゆるがせにしてはならないことを銘記すべきです。近世・近代浄土宗僧の福祉実践とその思想・信仰の歴史から学び得た教訓といってもいいかもしれません。

ところで、本年は法然上人八百年大遠忌ご正当の記念すべき年です。これまで仏教福祉を論じ、多少ともその実践に従事してきた宗門の末弟として、元祖さまに報恩の微志を捧げたく、ここに本書を上梓させていただきます。

出版を快くお引き受けくださった法藏館西村明高社長、当初より本書の構想に気をとめていただいた戸城三千代編集長はじめ満田みすず氏、編集実務にあたって種々助言してくださった光成三生氏に深く謝意を表する次第です。

註

（1）念仏者が社会と向き合う契機を、信の深まりとの関係で論じている人に、明治の念仏者で学僧の原青民（一八六八～一九〇六）がいます。原は肺結核を病み、三十九歳の若さで没していますが、渡辺海旭の盟友で、渡辺のドイツ留学中の一時期、『浄土教報』の主筆を務めています。また晩年は如来光明主義の山崎弁栄とも道交を深くし、その自証の境地は「信仰要領」（弟子への口授）として没後『青民遺書』（原善久、一九一二）に収められているほどです。以下は、本書中の「前生後生と命終（宗教的生死の意義）」と題する一文からの紹介ですが、示唆を得るところ少なくありません。まず「後生」について、「一期の寿命が尽きた時の後」と「生活動機の一変した後」の二義があるとし、そのうち後者（「宗教的に申さば主我の妄執を捨てて群生の慈父たる弥陀に帰命して更生したる利那以往」）がもたらす「弥陀の栄光を彰す」という意味での社会的実践に着目します。「茲に於きまして其（更生の――筆者註）喜びを世の人に頒たんとて檀波羅蜜多の修行に赴くのが、弥陀の栄光を彰すと言ふ事に成るのであります。弥陀の栄光を此地上に彰すのは、世のため人の為に尽すのに外ならぬから、国家社会の公務には進んで勉むる事となります、箇様であつてこそ、始めて宗教が現世に効があつて社会から歓迎せらるる事に成るかと考へます、隠遁と活動、消極と積極、死宗教と活宗教の分かるる所は、一の経典中に於ける『命終』の語に対する意義の解釈如何に依つて決するものと信じます」（六二頁）。

（2）阿部志郎「キリスト教社会福祉――人間を真実に人間たらしめる――」（『キリスト教社会福祉学研究』四二号、二〇一〇年一月）二二頁。

（3）高石史人『仏教福祉への視座』（永田文昌堂、二〇〇五年）六八～六九頁。

（4）戦後の寺院福祉実践の歴史に関しては、拙著『戦後仏教社会福祉事業の歴史』『戦後仏教社会福祉事業史年表』（いずれも法蔵館、二〇〇七）が参考になるでしょう。

初出一覧

近世篇

1　民間仏教者「念仏聖」
原題「日本仏教の歴史にみる福祉の実践と思想――『捨世型福祉』に学ぶもの――」（『賀川豊彦学会論叢』九号、一九九四年）

2　江戸中期の念仏聖　関通
原題「近世の念仏聖関通の福祉思想」（桑原洋子教授古稀記念論集編集委員『社会福祉の思想と制度・方法』永田文昌堂、二〇〇二年）に4の初出論文の一部

3　布教家　貞極
原題「浄土宗における仏教福祉思想の系譜（二）―貞極の施行観―」（『水谷幸正先生古稀記念論集・佛教福祉研究』思文閣出版、一九九八年）

4　大日比三師　法洲
原題「近世の念仏聖・大日比三師の福祉思想」（伊藤唯真編『日本仏教の形成と展開』法藏館、二〇〇二年）

5　末期の看取り――ターミナルケア
原題「近世仏教と末期の看取り―浄土宗の場合」（圭室文雄編『民衆宗教の構造と系譜』雄山閣出版、一九九五年）

近代篇

1　八宗の泰斗　福田行誡

原題「近世・近代浄土宗における仏教福祉思想の系譜」（『大正大学研究論叢』五号、一九九七年）の一部

2　大正期の若き指導者　長谷川良信

原題「仏教者・長谷川良信の社会事業―その思想と寺院社会事業論―」（『社会事業史研究』二九号、二〇〇一年）の一部

3　社会派僧による浄土教の再解釈

近代編1の初出論文の一部

近代の「寺院社会事業」篇

1　大正・昭和戦前期の盛況

原題「大正・昭和戦前戦時期の寺院社会事業について」（『近代仏教』七号、二〇〇〇年）

2　慈友会の社会事業

原題「大正期の『寺院改造』運動における慈友会の社会事業」（『仏教福祉』一五号、一九八九年）

3　長谷川良信の寺院社会事業論

近代編2の初出論文の一部

なお、全体に加除補筆を施している。

長谷川匡俊（はせがわ　まさとし）

1943年　東京都豊島区に生まれる
1967年　明治大学大学院文学研究科修士課程修了、博士（文学）
現　在　大乗淑徳学園理事長、淑徳大学学長、長谷川仏教文化研究所所長、浄土宗総合研究所客員教授
著　書　『近世念仏者集団の行動と思想』（評論社、1980年）、『近世浄土宗の信仰と教化』（北辰堂、1988年）、『近代浄土宗の社会事業』（編著、相川書房、1994年）、『日本仏教福祉概論』（共編著、雄山閣、1999年）、『日本仏教福祉思想史』（共著、法藏館、2001年）、『近世の念仏聖無能と民衆』（吉川弘文館、2003年）、『戦後仏教社会福祉事業史年表』『戦後仏教社会福祉事業の歴史』（編、法藏館、2007年）ほか

念仏者の福祉思想と実践
――近世から現代にいたる浄土宗僧の系譜

二〇一一年四月二五日　初版第一刷発行

著　者　長谷川匡俊
発行者　西村明高
発行所　株式会社　法藏館
京都市下京区正面通烏丸東入
郵便番号　六〇〇-八一五三
電話　〇七五-三四三-〇〇三〇（編集）
〇七五-三四三-五六五六（営業）

装幀者　西岡　勉
印刷・製本　亜細亜印刷株式会社

ISBN 978-4-8318-2455-4 C0015